OBJETS D'ART

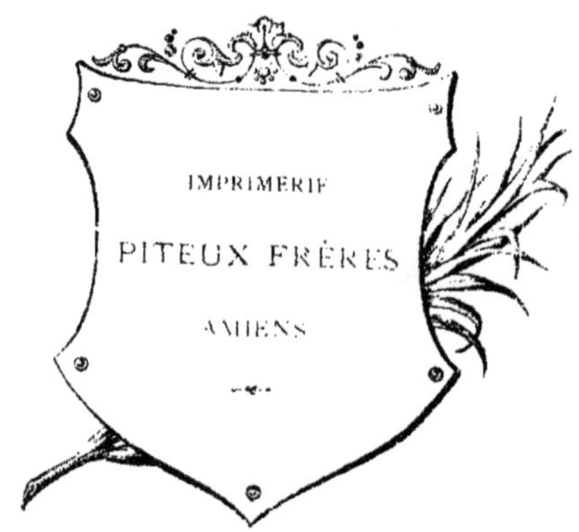
IMPRIMERIE
PITEUX FRÈRES
AMIENS

CATALOGUE
d'Objets d'Art Anciens

Provenant en grande partie de l'Ex-Collection F. POUY,

ANCIEN COMMISSAIRE-PRISEUR

COMPRENANT

MEUBLES DES ÉPOQUES LOUIS XIII, LOUIS XIV, LOUIS XV, LOUIS XVI & DU Ier EMPIRE

TABLEAUX ANCIENS ET MODERNES

DES ÉCOLES

FRANÇAISE, ALLEMANDE, HOLLANDAISE, ITALIENNE ET ESPAGNOLE

SCULPTURES, BUSTES PAR PILON

TAPISSERIES DES FLANDRES ET DE BRUXELLES

FAÏENCES - PORCELAINES - PATES TENDRES - BISCUITS

OBJETS DE VITRINE - MINIATURES

DESSINS - GOUACHES - GRAVURES

LIVRES - MANUSCRITS - AUTOGRAPHES

MONNAIES - BIJOUX

Dont la Vente aura lieu

à l'HOTEL DES VENTES D'AMIENS, 64, rue des Jacobins

Les 18, 19, 20, 21 et 22 / 25, 26, 27 et 28 Novembre 1907

A DEUX HEURES PRÉCISES

Par Ministère de Commissaire-Priseur

EXPERT :

M. ROBERT GANDOUIN, 40, Avenue Wagram, à Paris

Chez lesquels se distribue le présent Catalogue

EXPOSITION

Le Samedi 16 Novembre 1907 ET Le Dimanche 17 Novembre 1907 de 2 heures à 4 heures.

CONDITIONS DE LA VENTE

Elle sera faite au comptant.

Les acquéreurs paieront 10 % en sus des prix d'adjudication.

L'Exposition mettant le public à même de se rendre compte de l'état et de la nature des objets, il ne sera admis aucune réclamation une fois l'adjudication prononcée.

On aura le plus grand soin des objets adjugés, sans toutefois répondre des accidents qui pourraient y arriver après l'adjudication.

L'Expert remplira les ordres des personnes ne pouvant assister à la Vente.

N.-B. — *Dans l'intérêt de la Vente,* M. R. Gandouin, *expert, se réserve la faculté de rassembler ou de diviser les lots.*

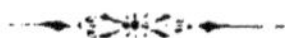

PREMIÈRE VENTE

N.-B. - Les objets de cette Vente porteront des étiquettes rouges.

ORDRE DES VACATIONS

Lundi 18 Novembre	Nos	1	à	140
Mardi 19 Novembre	Nos	141	à	290
Mercredi 20 Novembre	Nos	291	à	408
Jeudi 21 Novembre	Nos	408bis	à	507
Vendredi 22 Novembre	Nos	555	à	568

Les Bijoux et Monnaies seront vendus le Jeudi 28 Novembre.

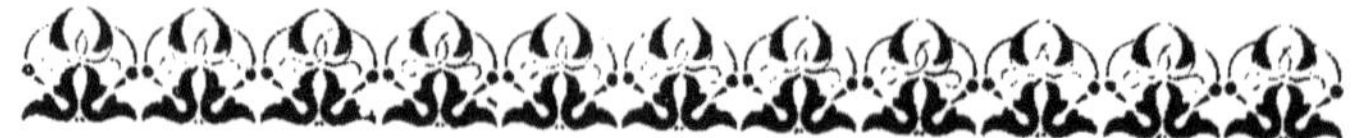

MEUBLES

1 Table de salon en bois noir, filets et marqueterie de cuivre de style Louis XV.

2 Petite console marqueterie dans le style de Boule.

3 Grande table en noyer de l'époque Louis XIII.

4 Petite table en chêne sculpté de l'époque Louis XIII. (réparée).

5 Petite table en chêne de l'époque Louis XV, avec tiroir.

6 Petite table guéridon mobile à pieds en forme d'X, en chêne tourné, époque Louis XIV.

7 Table guéridon Empire en acajou, dessus marbre.

8 Petit guéridon en acajou avec tiroir, dessus marbre, époque Empire.

9 Petite table guéridon 1830 laqué noir et fleurs polychromes.

10 Petite table guéridon peinte et laquée dans le style chinois.

11 Petite table guéridon en bois noir.

12 Petite console ancienne, de l'époque Louis XIV, bois sculpté.

13 Petite console de style Louis XV, modèle au dragon, en bronze ciselé et doré.

14 Petit bidet de l'époque Louis XVI.

15 Petit chevalet-pupitre de l'époque Louis XVI, en bois tourné.

16 Petite jardinière de style Louis XV, marqueterie, dans le style de Boule, garnie de bronzes ciselés et dorés.

17 Baromètre ancien de l'époque Louis XVI, bois sculpté, laqué blanc et or.

18 Baromètre en bois sculpté de l'époque Louis XVI, peint en blanc, rehaussé d'or.

19 Petit écran à pupitre mobile, de l'époque Louis XIV, en bois et marqueterie de violette, la feuille en soie peinte, dans le style chinois.

20 Ecran tournant en palissandre, époque 1830.

21 Petite toilette en acajou garnie de bronzes, époque du premier Empire.

22 Petit rouet en bois tourné, de l'époque Louis XVI.

23 Mobilier de salon du premier Empire, en bois sculpté et doré, recouvert de velours vert ; composé de un canapé, deux fauteuils et quatre chaises.

24 Petit chiffonnier de l'époque Louis XVI, avec sur les tiroirs et le dessus, marqueterie de cuivre, dans le style de Boule. Haut. $1^{m}17$. Larg. $0^{m}80$.

25 Buffet dressoir de style Louis XIII en bois, sculpté sur les deux portes, profils de personnages.

26 Etagère encoignure à accrocher, en chêne, époque Louis XVI.

27 Deux petits tabourets de l'époque Louis XIII, recouverts de velours vert.

28 Deux tabourets en forme d'X, époque du Consulat, en acajou, recouverts de velours frappé et garniture en passementerie.

29 Petit tabouret de l'époque Louis XIII, recouvert en tapisserie à l'aiguille.

30 Petit tabouret de l'époque Louis XVI, en bois sculpté.

31 Petit coffret, tabouret en chêne, style Louis XVI.

32 Petite chaise percée en bois, avec cuivre ciselé, époque Louis XV.

33 Petit escabeau en chêne à pieds tournés, de l'époque Louis XIII.

34 Petit coffre en chêne sculpté du XVIe siècle, avec personnages et cariatides en demi ronde-bosse.

GLACES

35 Deux glaces appliques à deux lumières de style Louis XIV, cuivre ciselé.

36 Petite glace de l'époque Louis XIV, en bois sculpté et doré, fronton ajouté.

37 Petite glace à chevalet de l'époque Louis XVI, avec cadre genre Vernis Martin.

38 Petite glace en bois sculpté et doré, époque Louis XVI.

39 Petite glace biseautée, en bois sculpté et doré.

PANNEAUX & BOIS SCULPTÉS

40 Deux panneaux en chêne sculpté, époque gothique.

41 Cinq panneaux style gothique, en chêne sculpté ; trois avec bustes et profils d'hommes : deux avec ornements ogivaux.

42 Deux panneaux bois sculpté, style Louis XIII et Régence, et trois petits du XVIe siècle.

43 Quatre petits panneaux provenant d'un cabinet Louis XIII, bois tourné, incrustation d'ivoire et de bois de couleur.

44 Grande porte ancienne de l'époque Louis XIII, ornée de divisions rectangulaires avec sculptures en arabesques.

45 Chef ancien de l'époque Louis XIII, en chêne sculpté polychromé, avec traces de dorure.

46 Quatre pièces en bois, travail arabe.

47 Cinq plaquettes à dentelle, travail belge, ornements divers.

PETITES SCULPTURES

IVOIRE ET BOIS

48 Petit bas-relief : la Vierge et son cadre en ivoire, époque Louis XVI.

49 Poignard en ivoire gravé, travail japonais.

50 Fétiche en ivoire, travail chinois.

51 Faune, statuette en ivoire de l'époque Louis XVI.

52 Aiguille, arbre généalogique en ivoire, époque Louis XIV.

53 Saint Paul, statuette en ivoire, XVIIe siècle ; manque une main.

54 Deux petites statuettes dieppoises, du XIXe siècle.

55 Vierge en pleurs, en ivoire, époque Louis XVI.

56 Equilibriste, travail dieppois de l'époque Louis XVI.

57 Petite Vierge de chevet en terre cuite, dans sa niche en bois, de l'époque Louis XVI.

58 Vierge et enfant, ivoire de l'époque du XVe siècle.

59 Christ en bois sculpté dans son cadre ancien et doré, de l'époque Louis XIV.

60 Deux Christs avec leur socle ; un en ivoire, de l'époque Louis XV, et un en bronze, de l'époque Louis XVI.

61 Petit Christ et Vierge en extase, ivoire de l'époque Louis XVI.

62 Un Christ et sa base, à double galerie ajourée, en os sculpté, époque Louis XVI.

63 Deux panneaux avec statuettes en bois sculpté, de l'époque Louis XIV, représentant la Force et la Foi.

64 Partie de coffret en pâte sculptée, de l'époque du XVIe siècle (fond doré).

65 Petite Vierge et enfant, bois sculpté, époque Louis XVI. Haut. 0m08 1/2.

66 Ange en bois sculpté, polychromé, de l'époque Louis XIV (manquent les bras).

67 Groupe en bois sculpté polychromé, de l'époque Louis XIV, représentant la Vierge, l'enfant et une sainte femme.

68 Coupe en albâtre sculpté, le pied formé par trois Dauphins.

SCULPTURES

69 Bas-relief formant écusson armorié et sa couronne. Deux pièces marbre blanc, époque Louis XIV, provenant du mausolée de la famille des Cornet, alliés aux Framicourt, provenant du cimetière de Saint-Denis, à Amiens.

70 Petite terre cuite, statuette d'après Chinard, de Lyon.

71 Buste en terre cuite polychrome : L'Africain.

72 Petite statuette terre cuite, représentant un fleuve.

91

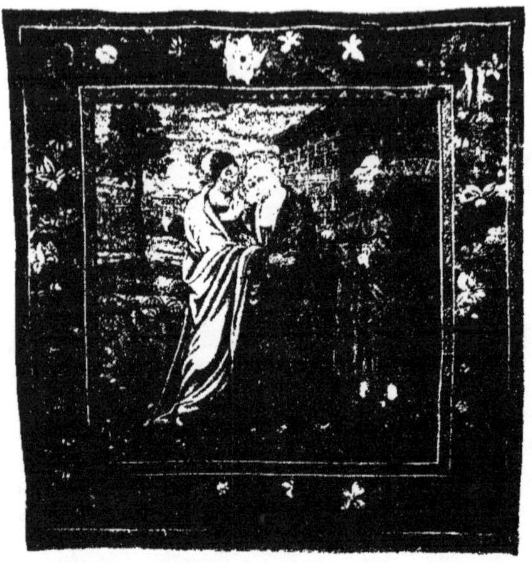

65

78 79

44a 44b

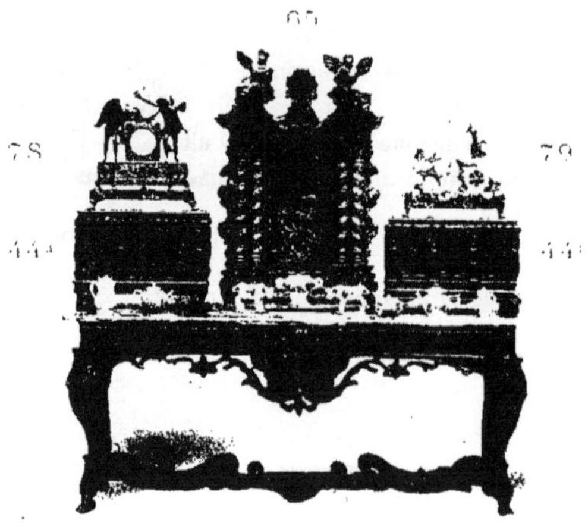

3

CADRES

73 Grand cadre en chêne sculpté de style Louis XIV.

74 Cadre en bois sculpté de l'époque Louis XIV, redoré. Vue. Haut. 0^m31 1/2. Larg. 0^m26 1/2.

PENDULES, FLAMBEAUX, CANDELABRES, BRONZES

75 Petite pendule squelette, de l'époque Louis XVI, le cadran signé : Normant, à Paris.

76 Pendule de l'époque du Consulat, forme portique, marbres de couleur, bronzes ciselés et gravés.

77 Pendule de l'époque du premier Empire, en bronze ciselé et doré, or mat et or vermeil, représentant un vase accoté de deux cygnes, surmontée du char de l'amour, trainé par deux colombes. Haut. 0^m40. Larg. 0^m25.

78 Pendule de l'époque du premier Empire, en acajou, garnie de bronzes ciselés et dorés ; le cadran signé : Le Clerc, à Soissons.

79 Petite pendule époque du premier Empire, en bronze ciselé et doré, avec sujet représentant le Sommeil de l'Amour.

80 Garniture de cheminée de l'époque Empire, en albâtre et bronze doré, composée d'une pendule à colonnes et de deux coupes vide-poches.

81 Garniture de cheminée, composée d'un socle en marbre blanc avec sujet en bronze représentant un cheval se cabrant signé : Moris, et de deux coupes en bronze, patine médaille.

82 Garniture de cheminée époque 1830, composée d'une pendule en bronze doré et patiné médaille, ornée de plaquettes de porcelaine et de deux petits candélabres à trois lumières.

83 Petite pendule en bronze avec plaques en porcelaine de Paris, modèle aux colombes.

84 Petit cartel de style Louis XV en bronze ciselé.

85 Paire de chenets anciens de l'époque Louis XV, composés de rocailles et d'amours.

86 Paire de flambeaux en cuivre ciselé de style Louis XV.

87 Deux bouts de table à doubles binets, en cuivre argenté, de l'époque Louis XVI.

88 Paire de girandoles à neuf lumières, de style Louis XVI, en bronze ciselé et doré, socle en marbre de Sienne, modèle dit de Marie-Antoinette.

89 Grand lampadaire guéridon disposé pour le pétrole.

90 Deux grands flambeaux décoratifs, en cuivre repoussé, du XVIIIe siècle.

91 Paire de flambeaux en bronze ciselé et doré, de style Régence.

92 Petite paire flambeaux de style Louis XV, marbre blanc et bronzé.

93 Paire de flambeaux en cuivre, de l'époque Louis XVI.

94 Paire de petits bougeoirs, de style Louis XV, en cuivre gravé.

95 Petits bougeoirs, de style Louis XV, en cuivre.

96 Petits bougeoirs, de style Louis XVI, cuivre ciselé.

97 Paire de bougeoirs en cuivre, modèle au Griffon, style Renaissance.

98 Paire d'appliques à une seule lumière, en bronze doré, de l'époque Louis XVI.

99 Triptyque en bronze, travail Russe.

100 Deux petits vide-poches en cuivre, époque Louis XIV.

101 Petit coffret en cuivre, orné de bas-reliefs de style gothique.

102 Quatre patères de l'époque du premier Empire, en bronze ciselé et doré, modèle au Carquois.

103 Sucrière à saupoudrer, en cuivre ouvragé de l'époque Louis XIV.

104 Petite renommée en bronze doré, de l'époque Louis XIV.

105 Petite marmite, de fabrication de Dinan.

106 Petits bustes en bronze, représentant Thiers.

107 Deux grands plats décoratifs, style renaissance, en cuivre repoussé, représentant la tentation et le profil de François Ier.

108 Le petit berger, bronze époque 1830.

ÉTOFFES ET BRODERIES

109 Deux aumônières en velours rouge.

110 Nakasaki en soie, impression de fleurs.

111 Lot de cocardes et rubans Louis XVI et XIXe siècle.

112 Mitre d'évêque en soie blanche, avec broderies en argent doré et pierres de couleur.

113 Dessus-de-lit soie crème, décorée de fleurettes, époque Louis XVI.

114 Dessus-de-lit damas rouge.

TAPISSERIES TISSÉES AU POINT

115 Grand tapis en Aubusson, de l'époque Empire, le centre décoré d'une grosse rosace.

116 Panneau en tapisserie au point : la Vierge à la chaise, d'après Raphaël.

PORCELAINES, PATES TENDRES

BISCUITS

117 Tasse et soucoupe, fond gros bleu et palmettes or, en porcelaine de Sèvres, an II.

118 Tasse en porcelaine de Boissette avec soucoupe, en Sèvres, décor de fleurs.

119 Petit moutardier en porcelaine de Boissette, décor à fleurs.

120 Coupe en Capo di Monte, représentant l'adoration des bergers (fracturée).

121 Pièce de surtóut ayant comme support trois Amours soutenant une vasque ajourée, porcelaine genre Saxe.

122 Petit beurrier et son plateau en porcelaine allemande (légère félure).

123 Chocolatière en porcelaine allemande, décorée de fleurs.

124 Tasse et soucoupe en porcelaine anglaise, formant coquillage et coquille.

125 Petit plateau porcelaine, à la Reine.

126 Service à café, en ancienne porcelaine de La Courtille, composé de cinq tasses et six soucoupes.

127 Porte-burettes en porcelaine de La Courtille, décor bouquets de fleurs.

128 Service à café en ancienne porcelaine de Paris fabrique de Carn, composé de 10 tasses avec soucoupes, 1 théière, 1 pot à lait et un sucrier (1 tasse fracturée).

129 Service à café et à thé, en porcelaine de Paris, époque 1820. Décor japonais réhaussé d'or, composé de une cafetière, une théière, un pot à lait, un sucrier, un drageoir et son plateau, deux petits plateaux, douze tasses et leurs soucoupes (une fracturée).

130 Service en porcelaine, décor camaïeu rose, composé d'une théière, un sucrier, un pot à lait, un bol sucrier, deux présentoirs octogonaux, un présentoir ovale, onze tasses à thé et une à café (intacte).

131 Deux petits socles en porcelaine de Paris, fond bleu à réserves de fleurs

132 Deux petits porte-bouquets, représentant deux statuettes, en porcelaine de Paris, 1835.

133 Coupe décorative en porcelaine gros bleu, monture en bronze, d'après Feuchère.

134 Grande coupe vide-poches, en porcelaine fond bleu à réserves de fleurs, monture en bronze doré de style Louis XVI (la porcelaine fracturée).

135 Deux grandes et deux petites coupes vide-poches, en porcelaine, montures en bronze.

136 Trois coupes de surtout en porcelaine blanche de Paris (fracturée).

137 Coupe à crème avec piédouche et ses six petits pots en porcelaine blanche de Paris (légères fractures).

138 Deux plateaux et trois pots à crème, en porcelaine blanche de Paris (manque les couvercles).

139 Sept soucoupes en porcelaine de Paris.

140 Tasse en porcelaine de Paris, décor Amour, en grisaille et filets d'or (fracturée).

141 Deux tasses et une soucoupe en porcelaine de Paris, une fracturée.

142 Une théière, trois sucriers, (dont un avec son plateau), un pot à lait, en porcelaine blanche de Paris, filets d'or des époques Louis XVI et Empire (fractures).

143 Petit flacon à odeur, en biscuit de Paris, décoré d'un semis de roses rehaussé d'or, 1830.

144 Quatre assiettes en porcelaine de Paris, décor bouquets de fleurs.

145 Deux petits pots à fard avec couvercles, porcelaine J. Petit (fractures).

146 Cinq petits bustes en biscuit : portraits de Henri IV, Louis XVI, Louis XVIII, et généraux de l'Empire.

147 Petit buste de Voltaire, en Weedg-Wood (fracturé).

148 Trois assiettes plates et une creuse, en ancienne porcelaine de Chine, famille rose (une fêlée).

149 Six tasses et leurs sous-tasses, en porcelaine de Chine (fracture).

150 Huit tasses et leurs sous-tasses, en porcelaine de Chine (fracture).

151 Douze petites tasses et leurs sous-tasses, en porcelaine de Chine (fêlures).

152 Trois petites tasses et leurs soucoupes, en ancienne porcelaine de Chine.

153 Petit pot à pommade, en porcelaine de Chine.

154 Deux sucriers et trois théières en porcelaine de Chine (fractures).

155 Bouteille à deux renflements, en porcelaine de Chine.

156 Petite potiche mignonnette et deux petits vide-poches en porcelaine de Chine, montures en bronze.

157 Petit bougeoir en porcelaine de Chine et bronze doré.

158 Deux coupes vide-poches, en porcelaine du Japon, monture en bronze ciselé (une fracture).

159 Deux assiettes, l'une creuse et l'autre plate, en porcelaine de Chine et Japon (fêlures).

160 Deux assiettes, compagnie des Indes et Japon.

161 Petite potiche en porcelaine du Japon.

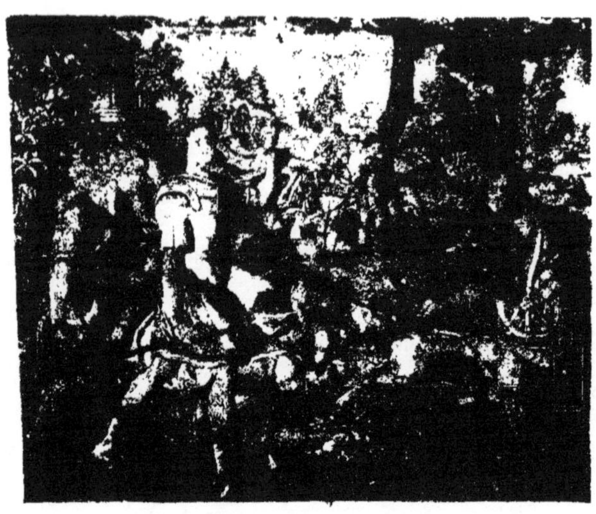

97

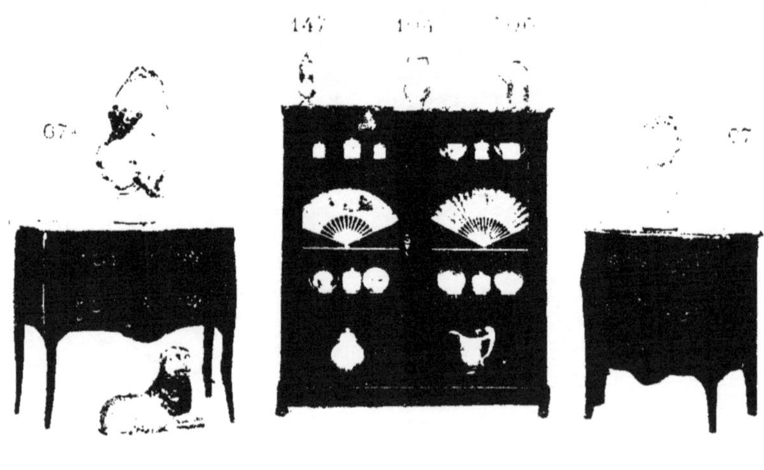

37 12 39

FAIENCES

162 Fontaine en faïence d'Apprey (fracturée).

163 Petit vide-poche, suite de Palissy.

164 Une théière et un pot à lait en faïence du Nord (fractures).

165 Deux petites plaques en faïence émaillée. La Richesse et l'Avarice.

166 Deux paires de vases en céramique. Modèles de Clodion ; quelques égrenures.

167 Plaque en faïence de Rubel, décor camaïeu bleu, sujet représentant la Vierge au baldaquin.

168 6 asiettes en faïence de Rubel émaillées, polychromes, décor de paysages et sujets d'Amours.

169 Deux petits cache-pot en Sarreguemines et deux en faïence de Creil.

170 Douze assiettes, impressions, en faïence de Creil, époque 1870, avec sujets représentant des monuments de Paris, de ses environs, et sujets de l'histoire Ror[illegible]e.

171 Service à thé en faïence de Creil, décor camaïeu rose à fleurs. Composé d'une théière, un pot à lait, un sucrier et six tasses.

172 Encrier moderne, faïence de Gien.

173 Porte-burettes en faïence de Lorraine (petite fracture), accompagné de ses deux burettes en verre gravé.

174 Deux lions décoratifs, en faïence de Lunéville (un fracturé).

175 Plat ovale en faïence de Marseille, et une assiette en faïence de Nevers.

176 Deux plats ronds, en ancienne faïence de Marseille.

177 Plat genre Marseille, et une assiette faïence moderne.

178 Drageoir de forme godronnée, en ancienne faïence de Venise, décor camaïeu, chinois et paysages.

179 Petite cruche, grés ancien, décor de fleurs de Lys et losanges (fracturée).

180 Deux pichets en ancienne faïence de Delft, décor polychrome, l'un représenté par la femme au Manchon, l'autre Jacquelin (fracturé).

181 Couvercle en ancienne faïence de Rouen, décor à la Corne (félures).

182 Petite boite à épices en ancienne faïence de Rouen, décor polychrome.

183 Petit vase cotelé en ancienne faïence de Rouen.

184 Cuvette de bénitier en ancienne faïence de Rouen, époque Louis XIV.

185 Petit vase de malade en ancienne faïence de Rouen, époque Louis XV.

186 Petit sabot en ancienne faïence de Rouen.

187 Paire de bouquetières à accrocher, en ancienne faïence de Rouen, décor polychrome, bouquets de fleurs (félures).

188 Deux cache-pot forme mortier, en ancienne faïence de Rouen (une fracture).

189 Grand cache-pot forme mortier, en ancienne faïence de Rouen (fractures).

190 Grande vasque forme mortier, en ancienne faïence de Rouen, de l'époque Louis XIV (fracturée).

191 Fontaine et Vasque en ancienne faïence de Rouen, décor Polychrôme, guirlandes de fleurs (félures).

192 Petite burette en ancienne faïence de Rouen, décor Polychròme.

193 Porte-burettes en ancienne faïence de Rouen.

194 Porte-burettes et ses deux petites bouteilles, en ancienne faïence de Rouen, décor Camaïeu bleu, époque Louis XIV.

195 Deux brocs à cidre avec inscriptions patronymiques de la période révolutionnaire, en faïence de Nevers, (une fracture à l'anse).

196 Cinq pots de pharmacie, forme biberon, avec une inscription, en ancienne faïence de Nevers.

197 Deux petites potiches en ancienne faïence de Nevers ; une formant cornet, l'autre à double renflement.

198 Petit encrier octogonal, camaïeu bleu, en vieux Nevers, époque Louis XVI (félure).

199 Petit encrier en forme de cœur, en faïence de Nevers (fracture).

200 Trois salières, en ancienne faïence de Nevers.

201 Cinq cache-pot forme mortier, en ancienne faïence de Nevers, à fond bleu marbré et décor camaïeu bleu (certaines fractures).

202 Petite bouquetière en forme de commode, en ancienne faïence de Nevers, époque de la Régence.

203 Petit saladier en ancienne faïence de Nevers, décor cartes à jouer.

204 Assiette en ancienne faïence de Nevers, décor polychrôme, grappes de raisin.

205 Fond de plat en ancienne faïence de Nevers, avec voiture et instruments de corporation des fabricants de voitures.

206 Lanterne en ancienne faïence de Nevers, décor polychrôme.

207 Petite boîte à épices, 1 encrier, 3 passoires, 1 coquetier en faïence de Nevers.

208 Couvercle de boîte à épices, ancienne faïence de Nevers, représentant un moine sommeillant.

209 Bannette à fruits, en ancienne faïence de Strasbourg.

210 Deux plats ovales, dont un avec anses et une écuelle, en ancienne faïence de Strasbourg.

211 Treize assiettes en faïence de Strasbourg, deux plats ronds et petit plat à bords dentelés.

212 Soupière en ancienne faïence de Strasbourg.

213 Petite tasse et petit cache-pot en ancienne faïence de Strasbourg.

214 Couvercle de fontaine, en ancienne faïence de Strasbourg, modèle au Dauphin.

215 Sous ce numéro, faïences omises au catalogue.

OBJETS DE VITRINE

216 Boite en marbre avec mosaïque Florentine, époque Louis XVI (fracture).

217 Quatre boites à bonbons, en buis, vernis Brunswick et vernis genre Martin.

218 Boite avec carte de France, gravure coloriée.

219 Petite boite ronde, XVIIIe siècle, avec personnages et animaux en reliefs.

220 Boite Louis XVI, avec médaillon de cheveux en poudre d'écaille et piquée d'or.

221 Quatre boites anciennes, une en buis avec portrait d'homme en profil, une en verre de bohême, une en laque avec dessous émail de chêne, et une en écaille avec travail de perles et filigrane.

222 Petite boite à jeu simulant un berceau, travail en os gravé.

223 Trois boites en paille de couleur de l'époque Louis XVI, dont un porte-lunettes, une petite boite à poudre, et boite à parfums à deux compartiments mobiles.

224 Quatre petites boites à mouches, matière dure, Epoque Empire.

225 Cinq boites décorées d'impressions : La Chartre constitutionnelle, le système des monnaies, et mœurs populaires.

226 Quatre boites, époque Empire et 1825, une avec papiers coloriés et sujets de fleurs sous verre.

227 Petite bonbonnière en bois clair, avec miniature, représentant le Roi de Rome.

228 Quatre tabatières du XIXe siècle, écaille, corne, bois etc.

229 Quatre petites tabatières, une en matière dure, cercle d'or, une en argent gravé, de l'époque 1870, une en forme de livre, en cuivre gravé, sujets de chasse époque Louis XV, une en argent avec gravure, sujet paysage, époque Louis XV.

230 Curieuse tabatière en bois des iles, avec sculptures grotesques représentant des sujets de la Bible, travail ancien.

231 Grosse tabatière en chêne sculté, avec, sur le couvercle, attributs militaires, époque Louis XVI.

232 Petite boite à mouches en agate, monture dorée.

233 Petite boite à surprises et à devinettes, époque 1870.

234 Petite boite à cure-dents, époque Louis XV.

235 Deux boites à jetons de l'époque Louis XV, avec gravures en couleurs recouvertes de vernis (une complète avec ses cases et jetons gravés, l'autre incomplète).

236 Boite poudre d'écaille, au centre, verre de couleur, cercle d'or.

237 Petit tire-bouchon en cuivre ciselé et gravé, époque Louis XV.

238 Tire-bouchon de poche de l'époque Louis XVI, en acier, avec gravures sur fonds or.

239 Petite boussole et son étui, avec cadran en papier colorié.

240 Deux sifflets en ivoire, de l'époque Louis XIII et Louis XVI.

241 Petit reliquaire de poche, en os, époque Louis XVI.

242 Casse-noisettes en ivoire, de l'époque Louis XVI.

243 Rond de serviette, fourchette, signet, coupe-papier, petit balai minuscule, etc.

244 Sept pièces en ivoire.

245 Petite trousse de vétérinaire avec ses instruments en argent.

246 Petite applique porte-montre, bronze ciselé doré, Empire.

247 Œuf et son chapelet, coco sculpté, époque Louis XVI.

248 Deux fermoirs de réticules en acier et trois bourses en perles, de l'époque Empire.

249 Un lot d'objets en bronze, croix, pelle à sel, bossette de brides, petits objets des époques étrusques.

250 Bouton, émail champlevé, XIXe siècle.

251 Petite chapelle portative en cuivre, époque Louis XVI.

252 Plaque découpée, ajourée, ciselée, avec monogramme et couronne, de l'époque Louis XIV, cuivre doré.

253 Huit doubles boitiers de montres, des époques Louis XIII, Louis XIV et Louis XVI, en galuchat, écaille, cuivre et corne rouge.

254 Deux doubles boitiers de montres ; un en argent ciselé et repoussé de l'époque Louis XV, l'autre en cuir clouté et piqué d'argent, époque Louis XIII.

255 Petite amulette de l'époque Louis XIII, cadre en argent, avec miniatures.

256 Trois grands peignes, dont un dit à la girafe, en écaille.

257 Trois carnets ; ivoire, maroquin, velours et une bourse maroquin tissé argent, travail arabe.

258 Petit microscope de voyage et son étui.

259 Lorgnette de théâtre, ivoire et cuivre, possède sa gaine.

260 Six lorgnettes de marine et de poche.

261 Petite lorgnette de poche, nacre et cuivre doré époque Louis XVI.

262 Monocle en acier et deux clefs de même métal, 1840.

263 Mètre de poche et mesures en nacre et ivoire ; 3 pièces.

264 Lot d'objets en ivoire, composé de boites rondes, étui à aiguilles, porte-monnaie, pomme de canne, etc.

265 Poire à poudre, en os gravé, de style Henri IV.

266 Deux poignées de canne, en ivoire sculpté, de l'époque Louis XVI.

267 Etui à aiguilles, au vernis Martin, rose.

268 Quatre petits étuis à aiguilles, des époques Louis XVI et Directoire ; deux sont en ivoire gravé et peint, un au vernis Martin avec devise galante, et un en bois.

269 Petit porte-aiguilles, travail en paille de couleur, époque Louis XVI.

270 Etui à cartes, travail de Jérusalem, incrustation d'ivoire et de métal.

271 Lot de boutons, boucles de ceinture, etc ..

98

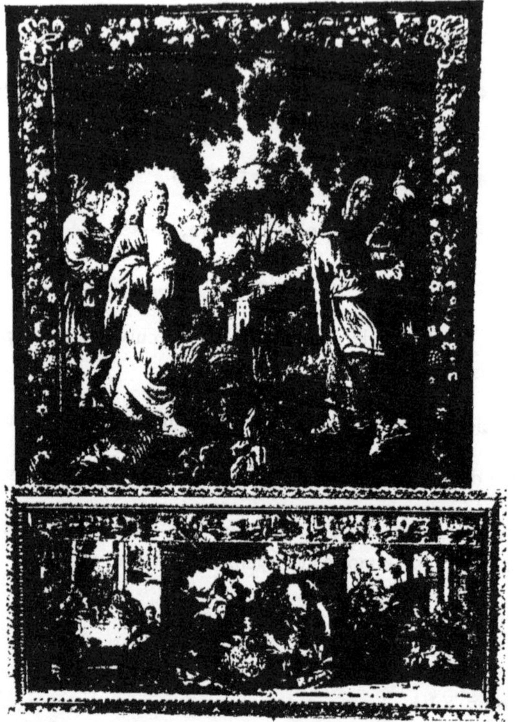

102

46

272 Neuf cachets breloques, en or, argent et acier, des époques Louis XV, Louis XVI et Empire.

273 Deux petits vide-poches, émail de style Louis XVI, monture en bronze doré.

274 Etui à ciseaux en galuchat.

275 Deux petits étuis en ivoire, l'un à jour, l'autre avec bagues dorées.

276 Etui nécessaire, en maroquin noir, garniture argent, époque Régence.

277 Série de cachets et sceaux, des époques Louis XIV, Louis XV, Louis XVI et de l'époque révolutionnaire, quinze pièces.

278 Cachets en argent, agate, époque Louis XVI.

279 Entaille, portrait d'homme, époque 1850.

280 Porte sel et poivre, en ancien émail de Battersen, émail fond vert rehaussé d'or (fracturé).

281 Petite boîte à odeur en argent, de l'époque Louis XVI.

282 Petit porte-flacon en bronze, de l'époque Empire.

283 Pierre de lard ; Confucius, petite statuette.

284 Petit éventail, travail en os et ornements ajourés.

285 Eventail, monture en nacre, feuilles peintes à la gouache.

286 Manche de couteau de chasse, en agate et bronze ciselé, époque Louis XIII.

287 Cinq coupe-papier et deux signets, en ivoire.

288 Neuf couteaux, un poignard, monture en nacre, pâte tendre de Saint-Cloud, émaillée, argentée en écaille, avec lames en acier et en argent.

289 Cadran solaire en cuivre gravé de l'époque Louis XIII.

290 Sous ce numéro, objets de vitrine omis au catalogue.

OBJETS D'ART

291 Petit bougeoir de l'époque du premier empire, formé d'une coquille en nacre gravée, monture en bronze doré.

292 Deux panoplies composées de silex, lances, de l'époque Gallo-Romaine, pierres éclatées et fer, provenant des fouilles d'Argœuves, dans la Somme, en 1880.

293 Petite sphère minuscule, époque Louis XVI.

294 Sabre recourbé de l'époque Empire, poignée en nacre, avec garde en bronze ciselé.

295 Petit plateau en étain à bords contournés, de l'époque Louis XV.

296 Gros biberon en étain gravé, de style Louis XIII.

297 Lot en matières dures, vide-poches, cendrier, plaquettes, etc.

298 1 sceau gothique, représentant, en intaille, un agneau pascal entouré d'une inscription.

299 Plaquette pour pèlerin, en cuivre, de l'époque Louis XIII.

300 Grand carton en maroquin rouge, avec dorure aux petits fers, époque Louis XVI (défraichi).

301 Petit carton maroquin rouge, dorure aux petits fers, armes de France et de Navarre, époque Louis XIV.

302 Balai de foyer de l'époque Louis XIII, avec son manche en ivoire tourné. Autre manche en os tourné.

303 Petit nécessaire de fumeur, en métal argenté, style du Directoire.

304 Pénitence ancienne, soie jaune et picots en acier, dans sa boîte peinte au vernis rouge.

305 Petit brasero à deux poignées, en métal argenté, et une petite veilleuse en cuivre doré.

306 Coupe en coco sculpté, de l'époque Louis XVI.

307 Petite coupe vide-poches ajourée, époque Empire, plaquée.

308 Petit vide-poches formant une feuille en porcelaine, genre Saxe.

309 Un réticule et deux bourses en perles.

310 Masse d'armes, la hampe terminée par une tête de bœuf, travail de style mauresque, damasquinée.

311 Petite chasse de style gothique, émail polychrome.

312 Vase imitation de porphyre (fracturé).

313 Horloge applique, composée d'un cadran entouré de porcelaine du Japon, cerclé de bronze doré, et accoté de deux appliques à trois lumières.

314 Lot de poteries antiques.

315 Cinq marcs anciens, cuivre gravé.

316 Huit guilores et pommes, provenant de pelles et pincettes du XVIe et XVIIe siècle.

316 bis Lot d'entrées de serrures et appliques, Louis XIII, Louis XV, et Louis XVI.

317 Plaquette en étain du XVIIe siècle : la sagesse instruisant l'amour.

318 Petite écuelle de l'époque Louis XIV, en cuivre argenté.

319 Deux petites écuelles à saigner, en étain, du XVIIIe siècle.

320 Christ en bronze ciselé et doré, avec sa croix en écaille, de l'époque Louis XIII.

321 Porte-montre formant pelotte à épingles, travail dans le style de Boulle.

322 Encrier style Louis XV.

323 Encrier de forme antique, en albâtre, avec mosaïque de Florence.

324 Lot de 23 clefs anciennes, en fer et cuivre.

325 Lampe de style romain, marbre vert.

326 Deux plaques de vétérans, de la période révolutionnaire, une en cuivre et l'autre en argent, au centre émail bleu et inscriptions.

327 Plaque-enseigne de notaire, de l'époque Louis XV, avec écus aux armes et à la couronne de France.

328 Petit médaillon en cire rouge, représentant un buste de République, portant le monogramme de l'artiste : J. D.

329 Petit presse-papier avec colombe, en bronze ciselé et doré.

330 Deux petites boîtes pour saintes Huiles, métal argenté.

331 Petit écran à main, de l'époque Louis XVI, avec gravure coloriée et couplet de romance au verso.

332 Bossette en bronze, époque Renaissance.

333 Deux petits vases de l'époque Louis XVI, forme étrusque, en marbre vert antique.

334 Petit lustre bronze et porcelaine ; Deux appliques à cinq lumières, porcelaine et bronze.

335 Deux boîtes, l'une à savon, l'autre à éponge, en cuivre argenté, époque Louis XV.

336 Grande boîte de l'époque Louis XV, avec sujets dans le goût de Lancret, peints au vernis (défraîchies).

337 Grande boîte en laque rouge, décor réhaussé d'or, sujet chinois, époque de la Régence.

338 Boîte-coffret en vernis brun, sujets or, d'après J.-B. Leprince.

339 Porte-lettres et porte-cartes, travail suisse, en cuir et peinture vernie.

340 Six coffrets et boîtes à bijoux, des époques Louis XIII et de la Restauration ; boîtes à jeux.

341 Petit coffre à bijoux.

342 Deux petits coffrets en fer, époque du XVIe siècle.

343 Deux boîtes à thé en marbre, Louis XV, formant meubles.

344 Email d'après Gainsborough : Lady Smith et ses enfants ; cadre en bois sculpté et doré.

345 Petit Mercure assis jouant de la flûte, bronze de l'époque Louis XV.

346 Deux petites statuettes, en bronze ciselé et doré, représentant : l'une, une vierge, l'autre, un saint ; traces de dorure, époque Louis XIV et Louis XIII.

347 Bénitier en argent surmonté d'une croix et des saintes femmes, de l'époque Louis XIII.

348 Bénitier en cuivre argenté, époque Louis XVI.

349 J.-B. Marchand — La jeune fille aux pigeons, bronze patine brune. Haut. 0m31. Larg. 0m30.

350 Sous ce numéro, objets omis au catalogue.

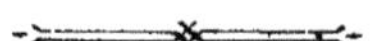

TABLEAUX

ÉCOLE FRANÇAISE

351 Bénard H. E. : *Le petit port de Cayeux.*

352 Chardin J.-B. S. (d'après) : *La jeune ménagère*, panneau.

353 Clouet (d'après) : *Portrait de Henri II*, peint sur panneau, avec cadre de l'époque Louis XIII.

354 Clouet (d'après) : Petit *portrait d'homme.*

355 Clouet (d'après) : *Portrait d'Elisabeth de France*, en costume rouge et fraise de dentelle, cadre ancien, Louis XIII.

356 Coignet J., 1834 : *La mer à Trouville*, aquarelle rehaussé de gouache.

357 Fixou : Deux petits *paysages avec personnages* formant pendants.

358 Greuze J.-B. (d'après) : *La nonchalance.*

359 Hubert : *Portrait de L. François d'Orléans de La Motte, évêque d'Amiens*, à Paris, chez Enaut et Rupilly ; cadre ancien en bois sculpté et doré, époque Louis XIV.

360 Le Sueur (école de) : Trois grandes toiles décoratives ; *Vie de Saint Bruno.*

361 Mignard (école de) : *Portrait d'un jeune Prince*, cadre bois sculpté.

362 N. Rénie : *Vue des environs de Paris, à Poissy*.

363 Rigaud (école de) : *Portrait de Madame de Fréchencourt*, cadre bois sculpté.

364 Rigaud (école de) : *Portrait d'un Prélat*.

365 Watteau (d'après) : *L'Hiver*, dessus de porte, cadre ancien en bois sculpté.

366 Watteau (d'après) : copie ancienne.

367 Ecole picarde, XVe siècle. Partie de tableau ; *panneau* provenant de la confrérie du *Puy-Notre-Dame*.

368 Ecole française XIXe siècle : *La Vierge*, petite peinture.

369 Ecole française XVIe siècle : *Portrait d'homme en cuirasse*, cadre bois sculpté et doré.

370 Ecole française XVIIe siècle : *Le Songe*, cadre en bois noir, avec ornements dorés au pinceau.

371 Ecole française XVIIe siecle : *Saint-Vincent de Paul*, cadre bois sculpté.

372 Ecole française XVIIe siècle : *Saint-Jean*, cadre en bois sculpté et doré.

373 Ecole française XVIIe siècle : *Deux portraits* ovales, cadres bois sculpté.

374 Ecole française XVIIIe siècle : *Portrait d'un Prélat*, cadre bois sculpté.

375 Ecole française XVIIIe siècle : *Portrait de jeune homme*, pastel, cadre ancien.

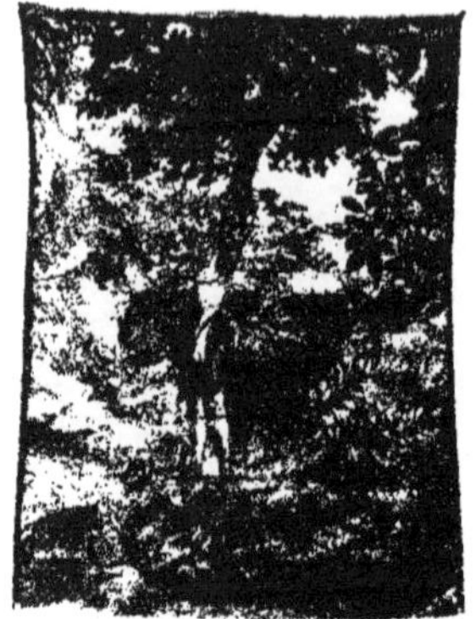

95

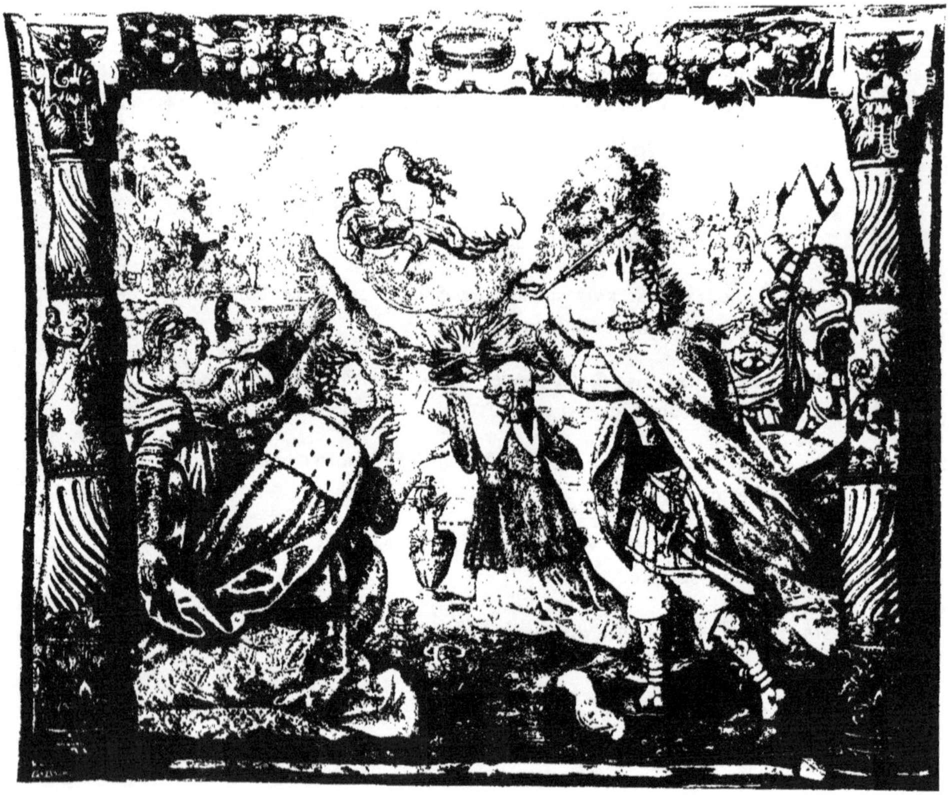

89a

376 Ecole française XVIIIe siècle : *Portrait de J.-B. de la Salle,* professeur en théologie, signé : Touzet.

377 Ecole française XVIIIe siècle : *Portrait d'Abbé*, cadre bois sculpté.

378 Ecole française XVIIIe siècle : *Le Christ et les Anges.*

379 Ecole française XVIIIe siècle : *Portrait d'homme en habit rouge.*

380 Ecole française XVIIIe siècle : *Portrait d'homme* de l'époque Louis XIV.

381 Ecole française XVIIIe siècle : *Portrait de femme* de l'époque de la Révolution, tenant dans la main une lettre cachetée.

382 Ecole française XIXe siècle : *Jeune fille au chat.*

383 Ecole française XIXe siècle : *Le déjeuner de la jeune fermière*, signé E. V. 1801.

384 Peinture sur glace ; sujet chinois, représentant *le concert* ; cadre laqué.

385 Petite peinture de forme ovale, sur cuivre, époque Louis XIII.

386 *Suzanne et les Vieillards*, d'après Santerre.

387 Lot de tableaux, gravures, dessins, gouaches, relatives aux villes et département de la Somme ; plusieurs panneaux armoiriés, de la noblesse picarde.

388 Ecole genevoise XIXe siècle : *l'Excursion en montagne*, aux environs de Chamonix.

389 Sous ce numéro tableaux omis au catalogue.

ÉCOLE ITALIENNE

390 Raphaël (d'après) : *La Vierge et l'enfant*, petite peinture.

391 Le Titien (d'après) : *Tête et étude d'homme* coiffé d'un turban rouge.

392 Ecole italienne XVIIe siècle : *Portrait d'un pape*, cadre en bois sculpté.

393 Ecole italienne XVIIe siècle : *Le Christ en croix, la Vierge et saintes femmes*, cadre ancien, bois sculpté.

394 Ecole italienne XVIIe siècle : *La Vierge et l'enfant*, peint sur cuivre.

395 Ecole italienne XIXe siècle : *Vieille femme priant.*

396 Ecole de sienne, XVIe siècle : *Le Couronnement de la Vierge*, petit panneau, cadre en bois sculpté.

397 Ecole vénitienne XVIIe siècle : *Le Christ et la Vierge*, peinture sur glace, de l'époque Louis XIII.

ÉCOLES FLAMANDE ET HOLLANDAISE

398 Breughel. *Retour du troupeau*, peint sur cuivre.

399 Cuyp (d'après) : *portrait* ovale, représentant une femme avec grand col, cadre bois sculpté et doré.

400 Franck (école des) : Deux peintures sur cuivre : *Le Christ* et *la Vierge*.

401 Franck (école des) : Petite peinture sur cuivre à quatre sujets, représentant la *Vie de Saint Bruno*.

402 Michau Theobald 1676-1679 : *Paysage dans un Vallon*, cadre bois sculpté, époque Louis XVI.

403 Teniers (d'après) : *Le Savetier*.

404 Teniers (d'après) : *Le Fumeur*, panneau.

405 Teniers (d'après) : *Le Retour à la Ferme*.

406 Ecole flamande : Petit *portrait* d'homme, peint sur cuivre, de l'époque Louis XIII.

407 Ecole flamande XVIIe siècle : *Rendez-vous de chasse*, panneau.

408 Petite peinture sur cuivre, *Le Joueur de Musette*.

ÉCOLE ESPAGNOLE

408 bis Ecole espagnole XVIIe siècle : *Moine en prière*, cadre bois sculpté et doré.

409 Ecole espagnole XVIIe siècle : *Saint en extase*, cadre bois sculpté et doré.

DESSINS

410 A. D. Y. 1836 : *Joli portrait* à la pierre noire, rehaussé de blanc.

411 Carmontel : Deux dessins anciens aux crayons de couleur, *profils d'homme et de femme* (piqures d'humidité).

412 *La tentation de Saint Antoine*, dessin colorié et gouaché, pièce satyrique sur la reine Marie-Antoinette ; signé du monogramme : D. V. 1777.

413 Grevedon : *Portrait de femme*, ovale, dessin aux crayons de couleur.

414 J-B. Huet : *Paysage* à la pierre noire.

415 Raimond La Fage : Dessin à la plume, *Le triomphe de Jupiter*, cadre en bois sculpté, Louis XIV.

416 Jules Lefèvre : *La Vierge au nimbe,* superbe esquisse à la pierre d'Italie, avec monogramme de l'artiste et dédicace, cadre en écaille de l'époque Louis XIII.

417 J. Lefèvre : *La vision du Christ* (original).

418 Document sur papier calque, cadre en bois sculpté.

419 Petite aquarelle 1850, *Bords du lac et ruines.*

GOUACHES

420 Deux petites gouaches anciennes, cadre en bois sculpté et doré.

421 Raphaël (d'après) : *La Vierge, l'Enfant Jésus et Saint Jean,* gouache de l'époque Louis XIV.

422 *Adoration;* petite gouache de l'époque Louis XIV, cadre en bois sculpté et doré.

423 Petite gouache ancienne : *Moine en pierre,* cadre en bois sculpté et doré.

424 Gouache de l'époque Louis XIV : *Vierge,* cadre bois sculpté de l'époque Louis XIV.

425 Gouache : *Madeleine repentante,* époque Louis XIV.

426 Gouache de l'époque Louis XIV : *La Vierge et l'Enfant,* cadre ancien en bois sculpté et doré.

427 Page enluminée dans le style Renaissance, cadre ancien bois sculpté et doré, de l'éqoque Louis XIV.

MINIATURES

428 Ecole française XVIIe siècle : trois miniatures sur cuivre, *portraits d'hommes à perruques.*

429 Isabey (d'après) : Miniature ovale, *portrait de Napoléon.*

430 Deux miniatures sur ivoire, des styles Louis XV et Louis XVI : *portraits de jeunes femmes.*

431 Miniature représentant *la famille royale*, époque Louis XVI.

432 Petite miniature : *portrait de la reine Marie Antoinette*, style Louis XVI.

433 Sous ce numéro, cinq miniatures, *portraits d'homme et de femme.*

ÉMAUX

434 Email ancien de l'époque Louis XVI : *la Présentation de l'enfant Jésus* (fracturée).

435 Petit émail de l'époque du Directoire : *Le choix de l'amour.*

436 Petit émail de l'époque Louis XVI : *la marchande de fruits.*

437 Portraits de *Lothaire* et de *Louis VIII*, émail avec cadre cuivre doré gravé et pierres de couleur.

438 Deux émaux médaillon : *portraits d'Empereurs romains.*

439 Six plaquettes émail : une en porcelaine de Sèvres, fond bleu, sujets biscuits blanc.

ARGENTERIE

440 Deux petites boîtes à parfums, en argent, de l'époque Louis XV et Louis XVI.

441 Petite chapelle en argent, de style gothique.

442 Deux cuillères à saupoudrer, et trois passoires à thé.

443 Coupe vide-poches, en argent, représentant, au centre, la vue d'un château allemand.

VERRERIE

444 Six petits verres à liqueur en verre gravé, travail de Bohême et de Venise.

445 Un verre et sa soucoupe ; un petit pot à crème, de l'époque Louis XV, gravés et dorés.

446 Cinq petites flûtes en verre, de l'époque Louis XVI.

447 Flacon en cristal, époque Empire.

448 Trois flacons et onze verres, de l'époque Louis XVI.

449 Huit flacons à odeur, en cristal taillé, et un verre.

450 Petite carafe en verre gravé et doré, de l'époque Empire.

451 Clepsyde ou horloge à eau, en verre, époque Louis XVI.

452 Un sucrier de style Louis XVI, verre gravé, monture argentée.

453 Petite sucrière en verre, de l'époque Louis XVI (fracturée).

454 Deux bras d'applique, en vieux Venise.

DENTELLES

455 Lot de dentelles, applications et broderies.

GRAVURES, LITHOGRAPHIES

456 Aliamet : Première *Vue du Levant*, deuxième *Vue du Levant*. Deux gravures faisant pendant, d'après J. Vernet, baguettes dorées.

457 Aliamet : *L'Incendie nocturne*, d'après J. Vernet.

458 Anne Douche : *Lettre illustrée de naissance*, avec dédicace.

459 Basset : *Petit portrait* à la manière noire, de *J.-F. Maury, député de Péronne*, imprimé à Paris chez Basset.

460 Beauvarlet : *Le ménage octogénaire*, d'après Teniers, cadre en bronze octogonal avec fronton, d'époque Louis XIII.

461 Beauvarlet (par et d'après) : *Les Couseuses*.

462 Beauvarlet : *Télemaque dans l'Ile de Calypso*, d'après J. Raoux.

463 Bervich : *La déclaration*, *Le serment*, deux pendants d'après Fragonard, chez Marel.

464 Louis Bonnet : *Portrait de Mme Greuze*, à la sanguine, d'après J.-B. Greuze.

465 J.-B. Brardel : *Portrait de Louis-François d'Orléans de La Motte, Evêque d'Amiens,* d'après Lesueur.

466 Carmontel (genre de) : *Deux portraits de femme* aux trois crayons (forme ronde).

467 Le chevalier Detubie 1771. Petit dessin à l'encre de Chine : *Le voyageur à la halte.*

468 Chrétien : portraits gravés au physionotrace.

469 Crépy : étude de dessin des plus grands maîtres. Trompe-l'œil.

470 Debucourt (par et d'après) : *Calendrier pour l'An II,* gravé à la manière noire.

471 Debucourt (d'après) : *La rose mal défendue, Les deux baisers.*

472 Duparc : *Les remparts d'une ville,* pièce avant la lettre.

473 Duplessis-Berteaux : *Fête dédiée à la vieillesse ;* époque de la révolution, d'après Wille fils.

474 Romain Gérard : *Constantin* ; deux gravures en couleur, d'après Hamilton.

475 Greuze (d'après) : *L'accordée de village* et *Le divertissement gracieux*, deux pendants.

476 Janinet : *La Liberté et l'Egalité,* deux pendants à la manière noire, d'après Moitte.

477 Langlumé : *Les métamorphoses du jour*, suite de 7 lithographies coloriées.

478 Le Bas et Surugue : *Les amusements de la vie privée. L'Œconome* (sic), d'après Chardin.

479 Lempereur : *Les Serments du Berger, Les Présents du Berger,* d'après Boucher ; la marge du bas seule existe.

480 Lépicié : Portrait de *Poquelin de Molière*, gravure avant la lettre, d'après Coypel, inscription à l'encre.

481 Le Veau : *Les Amans* (sic) *à la Pêche*, d'après J. Vernet.

482 Marcuard : *L'Amour enchainant Vénus*, d'après Angélica Kauffman.

483 Marquet 1855 : *L'entrée de la Ferme.*

484 Martini et Le Bas : *La récréation Flamande ;* Malbest et Le Bas : *Environs d'Anvers*, deux pendants d'après Tenier.

485 Moitte FA : *La Frileuse, La Fleuriste*, deux pièces faisant pendants, d'après J. B. Greuze.

486 *Le Catéchisme* (sans marge), d'après Baudouin.

487 Perraud : *La sortie de l'estaminet*, sujet militaire.

488 Petit : *Le Soir* et *Le Matin*, pendants d'après Boucher.

489 V. M. Picart, allégorie relative à *Bonaparte.*

490 Sebytre : portrait de *Marie Joséphine*, d'après Drouet.

491 Scorodomoff : *L'aimable lectrice*, gravure en couleur d'après Angelica Kauffman (cadre doré).

492 *Calendrier Perpétuel* époque de la Révolution gravé et colorié avec sujets galants cadre noir.

493 *Calendrier perpétuel* imprimé chez Duplessy.

494 Deux *portraits* de l'époque Louis XIII (sans marges).

495 Deux gravures encadrées, *caricatures européennes* et *caricatures provinciales* à Paris chez Martinet.

496 *Henri IV et le Paysan*, gravure sans marges, cadre en bois sculpté époque Louis XIV.

497 Deux gravures représentant des *Sépultures antiques*, baguettes dorées.

498 Deux petites gravures *l'Automne* et *l'Hiver*.

499 Gravure en trompe-l'œil dite aux *Assignats*.

500 Petite gravure ovale encadrée, *profils de la famille Royale XIII*.

501 Impressions en couleurs, imageries imprimées à Metz, à Epinal chez Pellerin, Lacour, etc., représentant les victoires du 1er Empire, la famille Royale et Impériale.

502 Environ deux cents gravures coloriées d'optique, vues de Paris, Versailles, Amiens, etc... comprenant les squares, places publiques, ponts, etc...

503 Lithographies d'après Charlet.

504 Fort lot de gravures, dessins, calques photographies, intéressants documents archéologiques sur la Picardie et surtout sur Amiens et ses environs, pièces documentaires sur la cathédrale (sera divisé).

505 Indicateurs généraux 1832, etc...

506 Environ cinq cents pièces, portraits, etc... intéressant la Picardie.

507 Sous ce numéro, gravures omises au catalogue.

BIJOUX

508 Parure composée de trois grands bracelets et deux petits, grenats taillés, monture en or et perles fines.

509 Parure en argent et pierres de couleur, composée d'un pendant de cou et de deux pendants d'oreille.

510 Parure composée d'un collier, deux pendants d'oreille, et deux boucles d'oreille en perles.

511 Parure de travesti, perles et sequins.

512 Pendant de cou Louis XVI, strass et argent.

513 Pendant de cou, pierres de couleur, grenats et argent émaillé.

514 Trois bracelets, une boucle, deux face-à-main époque 1840.

515 Deux bracelets en acier, de l'époque Empire.

516 Bracelet en argent.

517 Bracelet en argent.

518 Bracelet argent, simulant une guirlande de chêne et sa broche.

519 Bracelet argent doré, cheveux et grosse agate.

520 Trois bracelets argent doré.

521 Bracelet en cheveux, monture en or.

522 Bracelet en cheveux avec médaillon en or, émail vert.

523 Bracelet or et perles fines.

524 Paire de petites boucles en argent, de l'époque Louis XVI.

525 Quatre paires de boucles, des époques Louis XVI et Empire, en argent et cuivre doré.

526 Boucle en argent.

527 Epingle de cravate or et camée, représentant une tête de Mercure.

528 Deux paires d'épingles à chapeaux.

529 Grande croix en argent et améthyste.

530 Petite croix filigrane, en argent et pierres de couleur.

531 Médaillon, garniture or et étoile en perles fines.

532 Médaillon argent doré et grosses topazes.

533 Trois bagues or, avec turquoises et perles, marquise roses.

534 Collier en cristal de roche.

534 bis Autre collier en grenat.

535 Deux colliers, un en cristal de roche, et l'autre en grenat.

536 Collier en ambre.

537 Deux boutons de manchettes dorés et argentés, pierres de couleur.

538 Agrafe de bracelet, en or, émaillé bleu.

539 Trois châtelaines anciennes, des époques Louis XV et Louis XVI.

540 Châtelaine en argent.

541 Châtelaine en cuivre doré, de style.

542 Montre d'homme, en cuivre gravé, de l'époque Louis XIV, signé : Dupré, à Paris.

543 Montre d'homme en argent, avec cadran de couleur à personnages, de l'époque Empire.

544 Montre Louis XV en argent, cadran de même matière, signé : Clay, à Londres.

545 Broche formant grosse guêpe, le corps en améthyste, les ailes semées de perles fines.

546 Broche en argent doré, avec miniature.

547 Broche en argent doré, avec mosaïque.

548 Broche en argent, travail Suisse.

549 Petite broche en argent et pierres de couleur.

550 Broche en argent, pierres de couleur, avec buste de femme et deux boucles d'oreilles.

551 Broche et deux pendants d'oreille, en filigrane argent doré, époque Empire.

552 Lot : 1 broche camée, paire de boutons d'oreille aux armes de France, une petite miniature formant broche, cabochon en corail, paire de boutons d'oreille en cailloux du Rhin, 3 paires de pendants d'oreille.

553 Petite broche et deux boutons, pierres de couleur.

554 Sous ce numéro, bijoux omis au catalogue.

BILLETS DE FAIRE-PART, CARTES D'INVITATIONS, IMAGERIES

555 Billets de faire-part, pour mariages, baptêmes et enterrements des XVIIe, XVIIIe et XIXe siècles, environ cent pièces (sera divisé).

556 Lot de lettres de l'époque Révolutionnaire, avec vignettes gravées (sera divisé).

557 Cartes à jouer, adresses de négociants, bons pour des bains, cartes coupe-file, cartes d'invitations à la Chambre et pour les réunions publiques, environ 500 pièces (sera divisé).

558 Entrées lettres d'invitations et de faire-part, à l'occasion du sacre de Charles X.

559 Imageries, affiches relatives aux exercices équestres et d'acrobaties.

560 Pièces satiriques de l'époque Révolutionnaire.

561 Lot d'anciens billets de faire-part, intéressant la Picardie et Amiens.

562 Quelques livraisons du journal *l'Art*.

MANUSCRITS ET LIVRES

563 *Miracle de Notre-Dame*, de la Marquise de la Gaudine (réimpression). Imprimé à Paris le 20 février 1841, par Cropelet, rue de Vaugirard n° 9.

564 bis *Le Levier intellectuel* : Allevy, dédié au peuple du XIXe siècle. Par veuve Emilie Allevy et Achille et Alcide Allevy ; à Paris, chez les auteurs, rue Croix-des-Petits-Champs, 1848.

564 *Horace* minuscule, par Filon, imprimé à Paris, chez Mesnier, 1828.

565 *Histoire du monde*, décrit par Thomas Porcacchi de Castiglione. Imprimé à Venise, 1572.

566 Livres de vieux papier blanc.

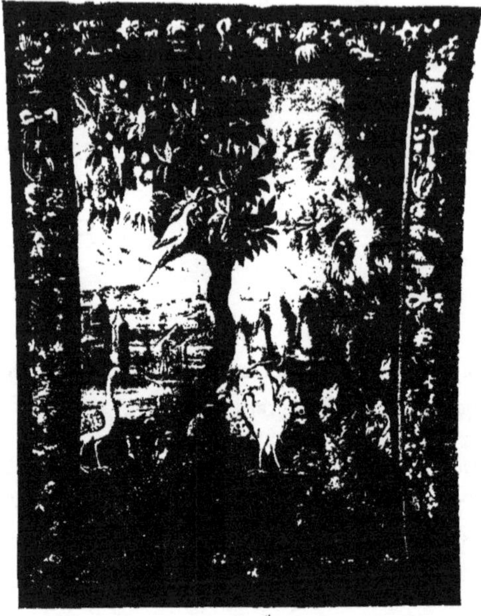

96

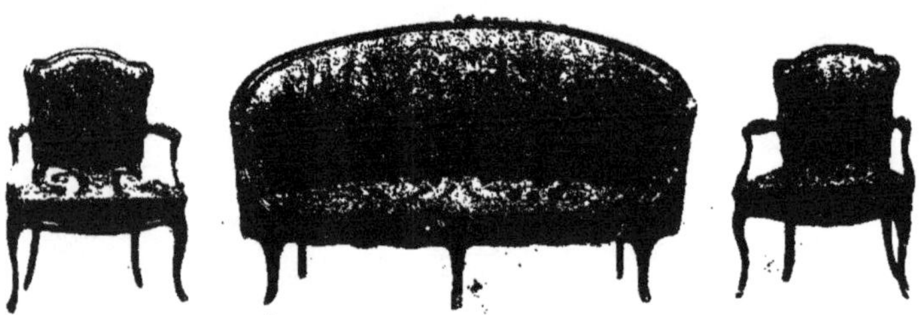

14

AUTOGRAPHES

567 Autographes timbrés et cachetés par la poste, de 1815 à l'époque de Napoléon III (sera divisé).

568 Autographes signés : Tascher de la Pagerie, 1846. — De Turenne, 1838. — L'abbé Rudemarre, relatif au mariage de Napoléon, 1826. — Burot de Gurgny, duc de Brissac, 1844. — Louis de la Tour d'Auvergne, comité d'Evreux, 1734. — De la Ferronnays, 1836. — A. de Rainneville, 1815. — Dubois, de l'Académie de Médecine, 1862. — Champfleury, 1864. — Monseigneur de Châlons, 1822. — De Clermont-Tonnerre, 1822. — Cadoudal, 1839. — L'abbé Coquerran, 1850. — Mme de Cayla, 1832. — De Calonne. — De Coucy, archevêque de Reims, 1822. — Vicomte Adrien d'Astorg, 1821. — Alkan, bibliographe, 1838. — Monseigneur Affre, 1838 et 1842. — Mme la M^se^ de Castine, 1835. — Monseigneur Darboy, 1835. — De Polignac.

MONNAIES
MÉDAILLES, JETONS

569 Monnaies de l'époque Romaine des xve, xvie, xviie, xviiie et xixe siècles, or, argent et cuivre, environ 200 pièces.

570 Jetons de présence, médailles commémoratives. Réunion importante sur la Picardie et surtout sur la ville d'Amiens, environ 150 pièces.

571 Sous ce numéro, objets omis au catalogue.

DEUXIÈME VENTE

N.-B. - Les objets de cette Vente porteront des étiquettes blanches.

ORDRE DES VACATIONS

Lundi	25 Novembre	Nos	1	à 87
Mardi	26 Novembre	Nos	88	à 191
Mercredi	27 Novembre	Nos	192	à 264
Jeudi *Bijoux et Monnaies.*	28 Novembre	Nos	508 à 554 et 569	à 571

MEUBLES

1 Grande et belle table bureau, à trois tiroirs et à quatre faces, de l'époque Louis XV, en bois de rose, recouverte d'un drap, garnie de son quart de rond, chutes, sabots, poignées et entrées de serrures, en bronze ciselé et doré. Haut. 0^m78. Long. 1^m45. Profond. 0^m70.

2 Table de nuit, de l'époque du premier Empire, en acajou, garni de bronzes ciselés et dorés.

3 Grande console, en chêne sculpté, Louis XIV, à 4 pieds réunis par un croisillon orné au centre d'une grosse marguerite, dessus de marbre. Haut. 0^m82. Long. 1^m95. profond. 0^m72.

4 Console en bois sculpté, peint en blanc, de l'époque Louis XV.

5 Petite jardinière de l'époque Louis XVI, en bois de rose, avec marqueterie en losange et fleurettes.

6 Ecran en bois, avec feuille en ancienne tapisserie au point, représentant Cérès (réparations).

7 Niche en bois sculpté de l'époque de la Régence.

8 Lanterne en bois tourné de l'époque Louis XIV.

9 Boite à jacquet de l'époque Louis XIII avec, à l'intérieur, le jeu d'échecs. La boite, en ébène, est marquetée d'ivoire de couleur. Les pions et les pièces de l'échiquier, de mêmes matières.

10 Chasse en bois sculpté et doré, avec peintures polychrômes de l'époque Louis XIV, parties vitrées. Haut. $0^{m}47$. Larg. $1^{m}35$. Profond. $0^{m}55$.

11 Secrétaire, de l'époque Louis XV, avec abattant, tiroir en haut et portes pleines dans le bas ; en marqueterie de bois de rose et de violette. Haut. $1^{m}43$. Larg. $0^{m}95$. Profond. $0^{m}40$.

12 Vitrine plate de l'époque Louis XV, en bois de rose, à deux portes vitrées, dessus de marbre, signée Œben M. E. premier ébéniste de Marie-Antoinette. Haut. $1^{m}37$. Larg. $1^{m}29$. Profond. $0^{m}25$.

13 Grande vitrine de style Louis XIII, en bois noir. Haut. $1^{m}55$. Long. $1^{m}70$. Profond. $0^{m}80$.

14 Mobilier de salon de l'époque Louis XV, en bois sculpté, recouvert de damas vert, composé de un canapé et de six fauteuils. Meuble d'une belle ordonnance et en parfait état de conservation. Long. du canapé $1^{m}65$. Haut. $0^{m}98$, Larg. $0^{m}80$. Long. d'un fauteuil $0^{m}63$. Haut. $0^{m}87$. Larg. $0^{m}62$.

15 Petit bureau bonheur-du-jour, en marqueterie de bois de rose avec abattant, le haut, s'ouvrant à coulisses, est marqueté de fleurs. Bel état de conservation. Haut. $1^{m}05$. Long. $0^{m}76$. Profond. $0^{m}50$.

16 Petit bureau à cylindre, de l'époque Louis XV, le dessus et le tiroir en marqueterie au damier, le cylindre marqueté de fleurs. Bel état de conservation, signé H. Armand.

17 Petit bureau bonheur-du-jour, avec dessus à glaces. Acajou, époque Louis XVI.

18 Bureau de forme dos d'âne, de l'époque Louis XV, en marqueterie de bois de rose et de violette. Haut. 0^m95. Long. 0^m95. Profond. 0^m47.

19 Chiffonnier de l'époque Louis XVI, à sept tiroirs, acajou garni de cuivre et asperges, galerie en cuivre et marbre blanc. Haut. 1^m50. Long. 0^m87.

20 Grand meuble à quatre portes, en chêne sculpté fin de l'époque Louis XIII, surmonté d'une corniche ayant comme sujet central Hercule terrassant l'Hydre, accoté de deux sirènes; les portes, séparées par deux tiroirs à tête d'ange, sont ornées, au centre, d'un mascaron entouré d'arabesques, les panneaux latéraux unis (quelques réparations). Haut. 2^m72. Larg. 1^m84.

21 Grande armoire de sacristie, à quatre portes pleines, de l'époque Louis XIII, chêne sculpté; le haut surmonté d'une corniche avec, au centre, la Vierge et l'Enfant, accotée de deux anges; les deux portes du haut ornées, au centre, des bustes en relief du Christ et de la Vierge, encadrées d'un tors de chêne, fruité: les deux portes du bas sont ornées de bas-reliefs représentant un Evêque et une Sainte. Haut. 2^m50, Larg. 1^m60. Profond. 0^m70.

22 Grande armoire de l'époque du Premier Empire, en acajou, garnie à ses colonnes, aux tiroirs et à la glace biseautée, de bronzes ciselés et dorés. Haut. 2^m05. Larg. 1^m18.

23 Grand buffet, à deux corps à quatre portes vitrées sur la face, et à deux portes vitrées sur les côtés; le corps du haut, à corniche, est soutenu de chaque côté par deux fortes colonnes cannelées et surmontées d'un chapiteau à acanthe, la base moulurée; le corps du bas est accoté de deux montants sculptés d'arabesques ajourées. Le meuble est cintré de la partie face. Haut. 2^m70. Larg. 1^m80. Prof. 0^m80.

24 Grand meuble, à hauteur d'appui, à une grande porte pleine, en chêne sculpté, dans le style de la Renaissance. Haut. 1^m12. Larg. 1^m15. Profond. 0^m58.

25 Chambre à coucher, de l'époque du Premier Empire, en acajou, garnie de bronzes ciselés et dorés, modèle dit au Carquois, composée d'un grand lit, d'une commode à quatre tiroirs, et d'un secrétaire à abattant intérieur, à colonnettes, base et chapiteaux en bronze ciselé et doré.

26 Lit et commode en acajou, garnis de bronzes ciselés et dorés, époque du Premier Empire.

27 Petit meuble de coin de l'époque Louis XV, en marqueterie de bois de couleur, avec semis de fleurs et ornements; garni de bronzes, dessus en marbre. Haut. $0^{m}88$. Larg. $0^{m}42$. Profond. $0^{m}29$.

28 Encoignure de l'époque Louis XV, en bois de violette. Haut. $0^{m}82$. Larg. $0^{m}70$. Profond. $0^{m}51$.

29 Deux petits meubles de coin, en marqueterie de bois de violette de l'époque Louis XV.

30 Petit tabouret, de l'époque Louis XV, recouvert de velours rouge.

31 Deux fauteuils Louis XV, bois sculpté, recouverts de Damas rouge.

32 Grand fauteuil en bois sculpté, de l'époque Louis XIV.

33 Grand prie-Dieu décoratif, de l'époque Louis XIII, en chêne sculpté; le coffre d'en bas possède un Evangéliste sculpté en bas-relief; la partie du haut représente, au centre, l'Eucharistie couronné d'une tête d'ange et surmonté d'un fronton avec un saint couronné par des anges (réparé). Haut. $2^{m}05$. Larg. $0^{m}75$. Profond. $0^{m}60$.

34 Double stalle en chêne sculpté, de l'époque Louis XIV, avec miséricordes sculptées de feuilles d'acanthe. Long $1^{m}60$. Haut. $1^{m}10$. Profond. $0^{m}40$.

35 Stalle en chêne sculpté, à moulures, de l'époque Louis XIV. Long. $1^{m}10$. Haut. $0^{m}65$. Pronfond. $0^{m}35$.

36 Petite commode de l'époque Régence, en bois sculpté, à trois rangées de tiroirs, garnie de ses poignées et entrées en cuivre. Long. $1^{m}15$. Haut. $0^{m}80$. Profond. $0^{m}60$.

37 Petite commode de l'époque Louis XV, à deux rangées de tiroirs, en marqueterie de bois de rose et de violette et encadrements de bois de couleur. Chutes, entrées, poignées et sabots en bronze ciselé. Signée J. L. Ellaum M. E. Haut. $0^{m}86$. Long. $0^{m}96$. Profond. $0^{m}54$.

38 Commode de l'époque Louis XV, à trois rangées de tiroirs, en bois de rose et bois de violette, avec garnitures en bronzes ciselés. Haut. $0^{m}90$. Long. $1^{m}10$. Profond. $0^{m}46$.

39 Petite commode de l'époque Louis XV, à trois rangées de tiroirs, en marqueterie de bois de rose et de violette, chutes, poignées, entrées et sabots en bronze ciselé. Haut. $0^{m}86$. Long. $0^{m}78$. Profond. $0^{m}40$.

40 Petit modèle de commode, époque Louis XVI, à trois tiroirs, marqueterie de bois de rose et de couleur.

41 Petite commode de l'époque Louis XVI, à deux tiroirs, en marqueterie de bois de rose et de violette, garnitures en cuivre ciselé. Haut. $0^{m}85$. Long. $0^{m}64$. Profond. $0^{m}43$.

42 Commode de l'époque Louis XVI, trois rangées de tiroirs, en acajou ornée de filets de cuivre, marbre blanc. Haut. $0^{m}86$. Long. $1^{m}28$.

43 Petit coffre gothique, en chêne sculpté, avec panneau armorié (réparé).

44 Deux petits coffres formant pendant, époque du XVIe siècle, en chêne sculpté, avec, en demi ronde bosse, les figures des évangélistes et des saintes femmes (quelques réparations) Haut. $0^{m}40$. Long. $0^{m}60$. Profond. $0^{m}38$.

45 Grand coffre en bois de l'époque Renaissance, en chêne sculpté, travail Lyonnais. Haut. 0m80. Long. 1m52. Profond. 0m70.

46 Coffre à bois, composé de panneaux gothiques, dans le style flamboyant, portant dans le panneau central un écu fleurdelysé. Le meuble est recouvert en cuir de Cordoue à fond turquoise, rehaussé de ramages et oiseaux d'or. Long. 1m70. Haut. 0m60. Profond. 0m45.

47 Petit cabinet de style Louis XIII, en bois noir, orné de bas-reliefs argentés, représentant, sur la porte centrale, Hercule terrassant l'Hydre, et, sur les tiroirs, des arabesques et animaux chimériques. Haut. 0m90. Long. 0m78.

48 Grand coffre, boîte à bijoux, en laque de Chine rehaussé de couleurs, de l'époque Louis XVI.

48 bis Un bureau bonheur du jour, acajou et filets cuivre.

48 ter Une console desserte, acajou et cuivre, dessus marbre.

48 quart. Une table bouillotte, acajou et filets de cuivre.

GLACES

49 Petite glace de l'époque de la Régence, en bois sculpté et redoré.

50 Glace de style Louis XII, en bois sculpté et gravé.

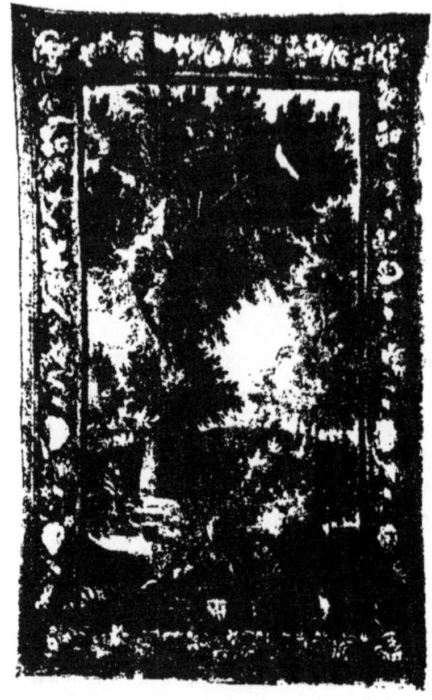

94

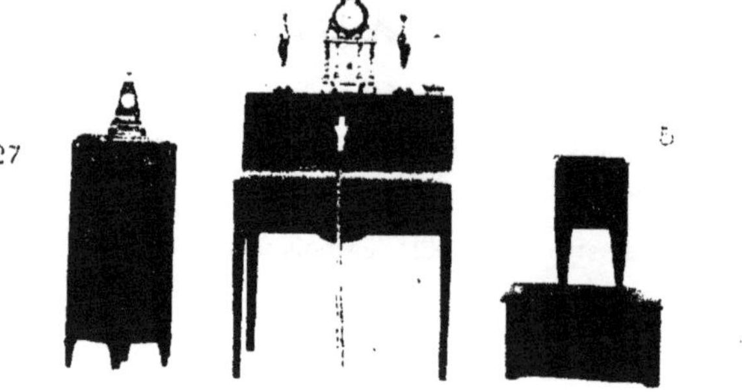

15

PANNEAUX & BOIS SCULPTÉS

51 Panneau du xve siècle, en chêne sculpté et polychromé, représentant une annonciation : panneau provenant d'un tabernacle.

52 Partie de rétable du xvie siècle, en chêne sculpté, représentant une résurrection ; trois personnages.

53 Panneau ancien de l'époque Renaissance, en chêne sculpté, représentant l'Architecture.

54 Panneau de style Renaissance, en bois sculpté, représentant le Dieu de la Guerre.

55 Panneau ancien du xvie siècle, en bois sculpté, avec, au centre, en demi ronde-basse, le buste de Saint-Jean-Baptiste.

56 Petit panneau, en chêne sculpté, de l'époque Louis XIII. Adoration des Mages ; 6 personnages.

PETITE SCULPTURE

IVOIRE ET BOIS

57 Petit médaillon de l'époque Louis XVI, avec, en relief, Saint-Jean-Baptiste, travail dit réticulé (quelques marques).

58 Statuette ivoire, époque Louis XVI, représentant une vestale.

59 Amulette, souvenir de mariage, curieux document en ivoire ; travail japonais du xixe siècle.

60 Deux statuettes en ivoire, de l'époque Louis XVI, représentant un saint et une sainte.

61 Christ en bois sculpté, cadre ancien de l'époque Louis XIV, en bois sculpté et redoré.

62 Christ en bois sculpté sur sa croix et pied en bois noir, époque Louis XIV, belle exécution. Haut. $0^{m}37$ (hauteur du christ).

63 Deux petites statuettes en bois sculpté, grotesques mendiants homme et femme. Haut. $0^{m}13$.

64 La Charité, petite statuette en bois sculpté : (l'Original, grandeur nature, existe à la cathédrale d'Amiens). Haut. $0^{m}13$ 1/2.

65 Tableau de chemin de croix, en bois sculpté et doré, de l'époque Louis XIV. Au centre, un bas-relief polychromé et doré, représentant Jésus succombant sous le poids de sa croix. Bel état de conservation.

SCULPTURES

66 Statuette de l'époque gallo-romaine, représentant la déesse Flora ou la reine des fleurs, debout, tenant un bouquet dans les bras, la tête couronnée de fleurs. Pièce d'une grande rareté, trouvée dans les tourbières des environs d'Amiens. — Marbre.

67 Deux bustes originaux, en plâtre, représentant les portraits de Madame et Mademoiselle Dumont (le Conventionnel). Haut. $0^{m}68$ et $0^{m}51$.

Le plus grand est représenté la tête tournée vers la droite, coiffée les cheveux tombant sur le front ainsi que derrière la tête ; Dans les cheveux, au sommet, un bouquet de fleurs retenu par un ruban, la chemisette est légèrement décolletée, une guirlande de roses épouse les épaules et passe sous le sein droit. Ce buste porte la signature PILON *fait, an trois de la République*.

Le petit est représenté vu presque de face, coiffé les cheveux sur le front, avec un gros bouquet de roses sur le sommet, retenu par un large ruban faisant le tour de la tête, noué par derrière et retombant sur le cou, la chemisette légèrement décolletée. Ce buste porte la signature PILON *fait*. Bel état de conservation.

Pilon était sculpteur, élève de Pajou père ; ses œuvres sont plutôt rares et peu répandues, ses principaux ouvrages furent exposés aux salons de 1791 et 1806 et représentant une série de plusieurs bustes, portraits d'hommes et de femmes ; un groupe en plâtre, allégorie de Washington et de la Liberté ; un projet de tombeau pour B. Francklin.

Pilon était très lié avec son contemporain Houdon.

Dumont André, Conventionnel montagnard, né à Oisemont, dans la Somme, en 1764, mort en 1836.

68 Nini J.-B. — Médaillon en terre cuite, grand modèle, représentant Albertine, née Baronne de Vivernheim, 1768. (Diamètre 0m161/2 ; portant, au verso, l'estampille n° 12. Belle épreuve intacte).

CADRES BOIS SCULPTÉ

69 Joli petit cadre en bois sculpté et doré de l'époque Louis XIV, parfait état de conservation. Vue : Haut. 0m36. Larg. 0m22.

70 Beau cadre en bois sculpté et doré de l'époque Louis XIV, belle conservation. Vue : Haut. 0m30. Larg. 0m24.

71 Cadre de glace, forme ovale, en bois sculpté et doré de l'époque Louis XIV. Vue : Haut. 0m72. Larg. 0m52.

72 Grand cadre ovale Louis XIV bois sculpté et doré. Vue : Haut. 0m68. Larg. 0m56.

73 Cadre rectangulaire de l'époque Louis XIV en bois sculpté et doré. Vue : Haut. 0m53. Larg. 0m36.

74 Cadre en bois sculpté de l'époque Louis XIV, peint en gris.

75 Cadre ovale en bois sculpté et doré de l'époque Louis XIV. Vue : Haut. 0m32 1/2. Larg. 0m26. Bel état de conservation.

PENDULES, FLAMBEAUX, BRONZES

76 Petite pendule dans le style de Boulle, garnie de bronzes.

77 Petite pendule et ses flambeaux de l'époque Louis XVI. Le cadran, signé Lomé à Versailles, est surmonté d'un vase et soutenu par quatre petites colonnettes de marbre blanc, entourées de guirlandes de laurier. Le socle, en porcelaine blanche, forme demie-lune. Les flambeaux sont composés de deux chinois bronze ; patine médaille, portant un binet.

78 Pendule de l'époque du Premier Empire, en bronze ciselé et doré. Socle en marbre vert antique, représentant Zéphyre dérobant les armes de l'Amour. Le bas-relief représentant l'Amour surprenant Zéphyre. Haut. 0^m55. Larg. 0^m45. Prof. 0^m15.

79 Pendule de l'époque du Premier Empire. Modèle au char. Bronze ciselé et doré Socle en marbre vert. Bel état de conservation.

80 Petit porte-montre en forme de pyramide surmonté d'un vase, en bronze ciselé et doré, de l'époque Louis XVI. Haut. 0^m20. Larg. 0^m15.

81 Paire de chenets de l'époque Louis XVI, composé de vases, sur des demi-fûts de colonne et guirlandes.

82 Paire de vases de style Empire, fond gros bleu, ornés d'appliques en bronze ciselé et doré.

83 Paire de candélabres de style Empire, à sept lumières, en bronze ciselé et doré, supportées par deux cariatides de bronze vert, socles marbre vert antique. Haut. 0^m80.

84 Grande paire de flambeaux de style Louis XV en bronze ciselé. Haut. 0^m35.

85 Bénitier de style Empire, le Christ en extase, la coquille entourée d'anges : bronze ciselé et doré.

86 Bas-relief de l'époque Empire, en bronze ciselé, patine médaille, représentant les Jeux des Amours, modèle de Thomire. Larg. 0^m31. Haut. 0^m11.

87 Crosse processionnelle de style gothique, en argent cisele et doré, ornée d'appliques représentant des Anges et Chérubins. Dans la partie contournée en bas-relief, la Vierge et l'enfant, pièce ornée de cabochons en pierres de couleur et matières dures. La hampe, en cuivre.

TAPISSERIES

TISSÉES ET AU POINT

88 Deux bandeaux de l'époque Louis XV, tapisserie au point.

89 Deux grandes et belles tapisseries anciennes de la fin du XVIe siècle, tissées laine et soie. L'une représentant *la prise d'une ville*, par mer, l'autre, un *sacrifice au Dieu de la guerre*. Nombreux et grands personnages. Ayant comme encadrement, sur les côtés, deux grosses colonnes. Sujets centraux représentant des *amours cueillant des raisins ;* la bordure du haut est ornée de guirlandes de fruits, attachés au centre par un gros médaillon. Tapisseries exécutées dans les manufactures de Bruxelles et portant en bas, sur une lisière bleue, la signature de GILAM VAN YVER B B. Haut. 3m40. Larg. 4m.

90 Tapisserie des Flandres, de l'époque de Henri IV, *La chasse au cerf*. Haut. 2m30. Larg. 1m90.

91 Tapisserie des Flandres de l'époque Louis XIII, *La Vierge consolatrice* (bordure en bas rapportée et quelques réparations). Haut. 2m80. Larg. 2m55.

92 Petit panneau de l'époque Louis XIII, travail au point et à l'aiguille, tissée de soie réhaussée d'argent et d'or, représentant *Jésus succombant sous sa Croix*.

93 Tapisserie de la fin du XVIe siècle, représentant *Le songe de Jacob*. Haut. 2m40. Larg. 2m.

94 Tapisserie de l'époque Louis XIV, verdure avec volatiles et paysage, toute sa bordure. Haut. 3m. Larg. 2m15.

95 Petit panneau en ancienne tapisserie d'Aubusson de l'époque Louis XV : *Le départ du chasseur*. Haut. 1m55. Larg. 1m10.

96 Portière en Aubusson, époque Louis XV, avec toute sa bordure. Haut. 2m95. Larg. 1m75.

97 Tapisserie d'Aubusson de l'époque Louis XIV : *Le départ pour la chasse*. Haut. 2m28. Larg. 2m60.

98 Tapisserie d'Aubusson de l'époque Louis XIV : *Jésus trouvant ses disciples*, toute sa bordure. Haut. 2m95. Larg. 2m50.

ÉTOFFES, BRODERIES

99 Deux gilets en soie brodée de fleurettes, époque Louis XVI.

100 Aumônière époque Louis XIV, en velours rouge, tissée soie et or, avec armoiries entourées de fleurs de lys.

101 Saint en prière. Broderie de soie réhaussée d'argent, époque Louis XIV.

102 Devant d'autel au point dit de Hongrie, tissé de soie d'or et d'argent, divisé en triptyque. Au centre, *l'Adoration des Bergers* ; à droite, *l'Adoration des Rois* ; à gauche, *la Circoncision*. Dans le haut, en bordure, des réserves représentant *la Fuite en Egypte*, *le Baptême*, *Jésus guérissant un malade*, *la Résurrection* et *Jésus à la fontaine*. Belle et intéressante broderie. Haut. 1m. Larg. 2m35.

103 Chasuble en soie verte, sujets Louis XV.

PORCELAINES, PATES TENDRES ET BISCUITS

104 Joli pot à eau, en ancienne pâte tendre de Chantilly, de l'époque Louis XV, décor en relief, avec, au centre, un médaillon représentant des oiseaux et volatiles dans un paysage. Le couvercle attaché par une monture en argent ciselé. Pièce d'une forme très élégante et en parfait état de conservation (rare).

105 Pot à lait, ancienne pâte tendre de Chantilly (fracturé).

106 Deux petits pots à pommade, en pâte tendre de Tournay (intacts).

107 Cinq assiettes en porcelaine tendre de Tournay, décor camaïeu bleu, au papillon (une fêlée).

108 Petite chocolatière en ancienne porcelaine de Tournay, décor camaïeu bleu.

109 Lot de couvercles en porcelaine et pâte tendre.

110 Deux petits pots à pommade en ancienne porcelaine tendre de Saint-Cloud (intacts).

111 Six petits pots à crème, avec leur couvercle, en ancienne pâte tendre de Mennecy (pot fêlé, une anse fracturée) décor de semis de fleurs et boutons formant fruits.

112 4 petits couvercles en pâte tendre de Mennecy.

113 Sucrier en porcelaine de Lille.

114 Cinq petites statuettes en porcelaine de Saxe, avec un groupe à deux personnages représentant *La danse champêtre*, les quatre autres représentant *La petite marquise*, *La petite jardinière*, *La jeune servante* et *Le marchand de poissons*.

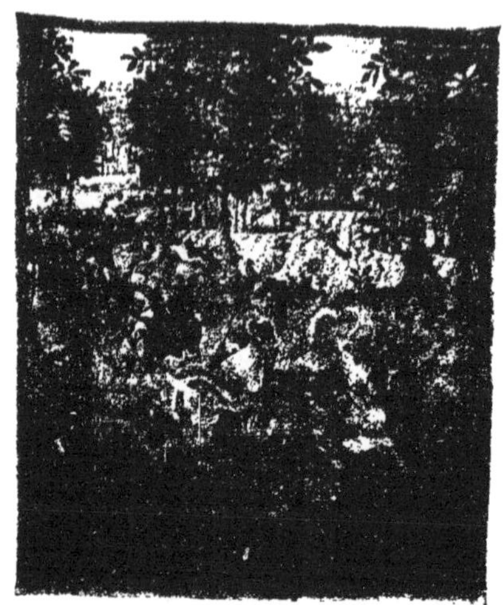

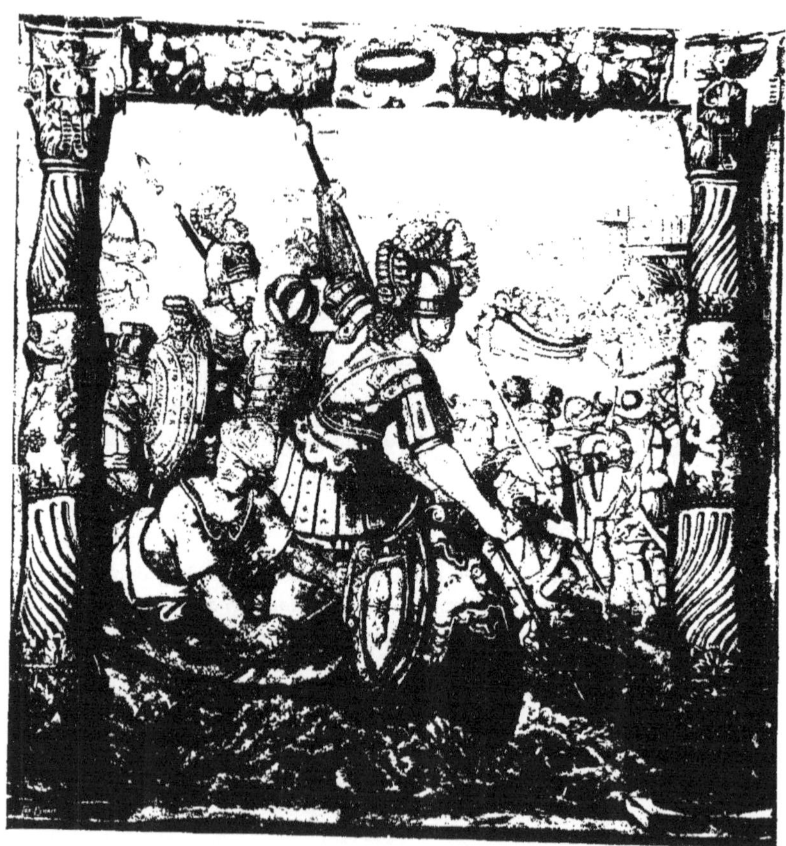

115 Tasse et soucoupe en porcelaine de Saxe, forme tulipe, décor de fleurs et papillons.

116 Deux petits socles en porcelaine allemande de l'époque Louis XV, blanc rehaussé d'or.

117 Grande soucoupe en porcelaine de Lille, manufacture du Dauphin, décor bouquets de fleurs.

118 Deux grands cache-pot en ancienne porcelaine d'Arras, époque Louis XV.

119 Petit légumier et son plateau en ancienne porcelaine d'Arras.

120 Deux tasses en porcelaine de La Courtille, décor de fleurs et marli rubanné, avec un sucrier même décor.

121 Petite boite sans couvercle, en porcelaine de Paris, décor bouquets de fleurs.

122 Tasse et soucoupe en porcelaine de Paris, de Hally, décor médaillons et guirlandes de fleurs.

123 Bourdaloue en ancienne porcelaine de Paris, décor de fleurs (intact).

124 Paire de vases de l'époque Empire, en porcelaine de Paris, avec médaillons représentant *l'Amour lutinant un cerf* et *l'Amour lutinant un bouc*, fond or rehaussé de dessins d'arabesques, d'après Chevanarel. Haut. 0m32.

125 Deux vases porcelaine gros bleu, avec jolies montures en bronze ciselé et doré ; bel état de conservation.

126 Paire de vases de l'époque du Premier Empire, en porcelaine de Paris, décorés de réserves représentant : *Les Petits vignerons* et *La Conversation galante*, anses pieds et cols dorés. Haut. 0m36.

127 Petit pot à pommade en porcelaine de Paris, décor bouquets de fleurs.

128 Deux petits pots à pommade en porcelaine de Paris, fabrique de Charles Philippe, décor fleurs marli doré.

129 Cuillère à saupoudrer en ancienne porcelaine blanche, rehaussée d'or, de l'époque Louis XV.

130 Groupe *la Vierge, l'Enfant et saint Jean,* porcelaine, décor polychrome, rehaussé d'or, fabrique de J. Petit. Haut. 0^m48.

131 Plateau de style Louis XV, décor nid d'oiseaux et fleurs, fabrique de J. Petit.

132 Petit groupe en biscuit d'après Falconet E. M. Représentant *l'Amour corrigé.* Haut. 0^m24. Larg. 0^m14.

133 Six assiettes ancienne porcelaine de Chine, famille rose, (intactes).

134 6 tasses et 5 secoupes en porcelaine de Chine, décor au Capucin, intérieur polychrome, possédant une gaine.

135 Grosse théière en craquelé de Chine.

136 Deux vaches en porcelaine de la Compagnie des Indes, avec cornes dorées.

FAIENCES

137 Porte-burettes en faïence de Sceaux décor guirlandes et ornements d'or sur fond blanc ; les burettes en verre gravé et doré.

138 Deux pots à pharmacie, décor camaïeu bleu à lambrequins et armoiriés, en ancienne faïence de Moustiers.

139 Cruche en grés, émail bleu et réserves gravées en blanc, le bec orné d'une tète de Neptune, époque Louis XIII, (félure).

140 Petite bonbonnière en ancienne faïence de Delft, avec son couvercle orné de deux anses, décor en camaïeu bleu rehaussé de manganèse, sujets chinois, le couvercle à lambrequins. Pièce de la fabrique de Martin Gonda, année de 1671. Curieux et rare échantillon, (intacte).

141 Vase postiche en ancienne faïence de Delft, sujet paysage, le couvercle avec bouton réparé.

142 Deux grands pichets en faïence de Delft, un couvercle fracturé ; décor polychrome. Haut. 0^m35. Larg. 0^m25.

143 Deux vases à fleurs en ancienne faïence de Delft, décor camaïeu bleu.

144 Petit jouet simulant une chaise perçée, en ancienne faïence de Delft.

145 Deux assiettes en ancienne faïence de Delft, de l'époque Louis XIV, décor personnages dans un parc, camaïeu bleu, (fracturée).

146 Soupière en ancienne faïence de Rouen, décor à la Corne.

147 Sucrier en ancienne faïence de Rouen, de l'époque Louis XIV, décor polychrome (fracture au piédouche).

148 Deux grandes bouteilles et grand vase à couvercle, en faïence de Rouen, décor camaïeu bleu.

149 Grande bannette en ancienne faïence de Rouen, décor polychrome.

150 Petite bannette en ancienne faïence de Rouen, époque Louis XIV.

151 Bannette sans anse, de forme octogonale, ancienne faïence de Rouen, décor à la corne.

152 Deux assiettes plates, deux assiettes creuses, en ancienne faïence de Rouen, décor à la corne ; quelques craquelures ; marquées A. P.

153 Jatte creuse, à bords dentelés, en ancienne faïence de Rouen, décor à la corne, fêlures ; marque F.

154 Grand pot à espèces, en ancienne faïence de Rouen, sans décor.

155 Grand plat en ancienne faïence de Rouen, décor à la ferronnerie, époque Louis XIV : au centre, panier fleuri. Diamètre 0^{m}50.

156 Pot à cidre, en ancienne faïence de Rouen, décor polychrome, époque Louis XIV.

157 Un casque en ancienne faïence de Rouen, décor polychrome, époque Louis XIV.

158 Petit pot-pourri, en ancienne faïence de Nevers, décor camaïeu bleu rehaussé de manganèse.

159 Potiche et son couvercle en ancienne faïence de Nevers. Décor au chinois, camaïeu bleu rehaussé de manganèse.

160 Deux petites bouteilles à double renflement, en ancienne faïence de Nevers ; dépareillées.

161 Bouteille en ancienne faïence de Nevers, décor carmaïeu rehaussé de manganèse : sujets chinois.

162 Deux petits cache-pot en ancienne faïence de Nevers, aux formes torses, décor camaïeu bleu.

163 Grande vasque ronde, en ancienne faïence de Nevers.

164 Deux aiguières de l'époque Louis XV, décorées de guirlandes, de fleurs et de bouquets, avec couvercles à boutons de fruits, en faïence de Strasbourg.

165 Petite saucière à plateau adhérent, en ancienne faïence de Strasbourg, époque Louis XV.

166 Corbeille à fruits, en ancienne faïence de Strasbourg, bords ajourés, genre vannerie, époque Louis XV.

167 Deux sucriers à plateaux adhérents, en ancienne faïence de Strasbourg, décor de bouquets de fleurs avec boutons formant fruits.

168 Deux porte-bouquets en ancienne faïence de Strasbourg, décor à la rose.

OBJETS DE VITRINE

169 Canne de l'époque du premier Empire, avec la poignée en ivoire sculpté, représentant en buste le baron Larrey, premier chirurgien de l'Empereur. La tige en ivoire, gravée et ouvragée dans la partie supérieure d'incrustations d'écaille. Pièce en parfait état de conservation et d'un grand intérêt historique. Cet objet d'art a été offert, des mains de l'Empereur, à son chirurgien en chef. Haut. 0m98. Haut. du buste 0m12. Parfait état de conservation.

170 Petite boite en ivoire sculpté du XVIIIe siècle : le sujet d'après F. Boucher, représente une chinoiserie.

171 Petite boite à jetons en ancien émail de luxe.

172 Bonbonnière de l'époque Louis XV, en cristal de roche, taillé à facettes, monture or.

173 Paire de pistolets et poire à poudre en or ciselé, époque 1830 (objets minuscules).

174 Sept drageoirs octogonaux et dentelés, en ancienne faïence de Rouen, décor camaïeu bleu : au centre, corbeille de fleurs, sur le marli, guirlande de fleurs.

175 Partie de pulvérin, en os sculpté, de l'époque Henri IV, avec sujet sculpté représentant une princesse demandant une grâce à un roi.

176 Brosse de l'époque Louis XIV, le dessus en maroquin, dorure aux petits fers, avec couronne et fleurs de Lys.

177 Etui à aiguilles de l'époque Louis XVI, orné de médaillons à plusieurs tons d'or.

178 Plaquette en étain, style Louis XIV, représentant le *jugement de Salomon*.

179 Jolie petite boite à parfums, avec ses deux flacons, cure-dents, etc..., en ancien émail de Battersea. La boite ornée de réserves avec sujets encadrés d'or, monture et garniture ciselées et dorées.

180 Petit porte-flacons à odeur, cristal et monture or, avec son étui en galuchat, époque Louis XVI.

181 Petit porte-flacons à odeur, avec son étui en maroquin rouge, doré aux petits fers, époque Louis XVI.

182 Petit porte-flacons à odeur, en forme de livre, avec rébus et devise en maroquin rouge, doré aux petits fers.

183 Noix contenant, à l'intérieur, 2 petits flacons à odeur.

184 Deux petits flacons à odeur de l'époque Louis XVI et un petit étui à dé, travail exécuté en coco sculpté.

185 Petit flacon à parfums, en cuivre doré, avec vues de Paris. Epoque 1830.

186 Eventail ancien, de l'époque Louis XVI, avec monture en ivoire incrustée de fleurs, réhaussée d'ors de couleurs. La feuille, peinte sur soie, représente, peint à la gouache un *sujet galant de trois personnages* et deux médaillons représentant des instruments de musique et des attributs de l'hymen, encadrés dans des paillettes dorées.

187 Eventail de style Louis XVI, feuille peinte à la gouache, représente un *sujet galant*.

188 Eventail ancien, de l'époque Louis XVI, avec monture en ivoire incrustée d'argent doré : la feuille, peinte à la gouache sur soie, représente *des officiers débarquant sur la terre américaine*, pailleté d'or et de couleurs. Curieux document sur l'indépendance des Etats-Unis d'Amérique.

189 Eventail ancien, de l'époque Louis XVI, avec monture en ivoire décorée de fleurs et d'incrustations d'argent doré : la feuille, peinte à la gouache, représente *la demande à la colombe*, sujet de cinq personnages.

190 Eventail ancien, de l'époque Louis XVI, avec monture en ivoire ajourée et rehaussée de fleurs peintes : la feuille représente deux personnages et leurs servantes, dans un paysage.

191 Fort joli couteau à fruit en vermeil, la lame en vermeil, avec manche ciselé, à plusieurs tons d'or.

OBJETS D'ART

192 Petit reliquaire en bois sculpté, du XVIIe siècle, divisé en trois niches : dans la centrale, en ronde bosse et en argent doré, le Christ ; de chaque côté, les saintes femmes. Haut. $0^{m}41$. Larg. $0^{m}41$.

193 Centre de tabernacle, de l'époque Louis XIII, en ébène, avec colonnettes de marbre de couleur, incrustation de marbres et de pierres précieuses : Lapis-Lazuli, agate et autres, orné de chapitaux et de bas-relief en bronze, ciselés et dorés. Haut. $1^{m}30$. Larg. $0^{m}67$.

194 Présentoir à œuf, en tôle peinte et dorée, de l'époque Empire, avec ses six coquetiers en porcelaine de Paris.

195 Horloge de voyage, de forme sexagonale, en cuivre gravé, de l'époque du XVIe siècle, avec, sur les six pans, gravés et dorés, les dieux du *soleil*, de la *guerre*, du *commerce* et de la *foudre* ; le haut, en forme de dôme ajouré. Haut. $0^{m}14$. Larg. $0^{m}09$.

196 Joli petit cartel de style Louis XVI, en bronze ciselé et doré, surmonté d'un vase à guirlande de fleurs et terminé par un culot dans la partie inférieure.

197 Deux bronzes, d'après François Boucher : *L'enfant à l'oiseau* et *la petite laitière*, travail du siècle dernier.

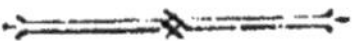

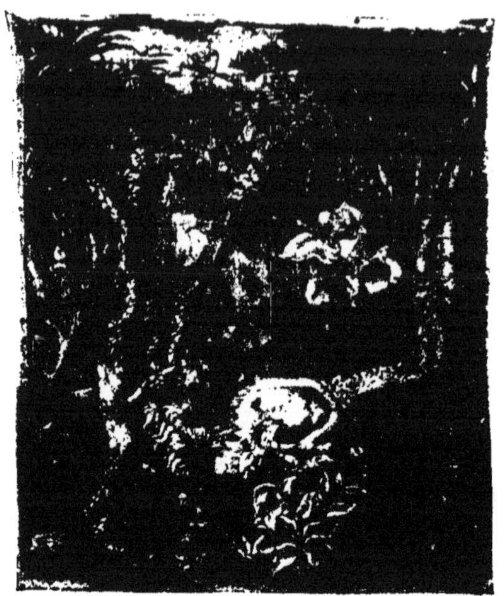

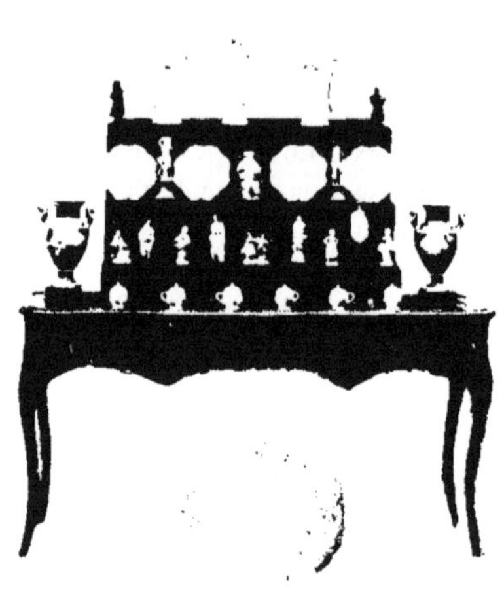

TABLEAUX

ÉCOLE FRANÇAISE

198 Bicheray : *Portrait de Madeleine Villette*, demoiselle de Belleville. Pastel signé et daté 1744.

199 Ecole de François Boucher : Deux jolies toiles décoratives ; *Le berger galant* et *l'Amant pressant,* sujets aimables, dans de charmants paysages ; ces deux peintures, exécutées dans l'atelier du Maître, sous sa direction, peuvent faire supposer que les fonds de paysage seraient de la main de Boucher. Haut. 0m71. Larg. 0m78.

200 Bourguignon : *Combat de cavalerie* ; grande et importante composition.

201 De Cauchy : *Portrait de Jeune femme*, signé et daté 1777. Cadre bois sculpté et doré.

202 D'après Clouet : *Portrait de Henri II enfant.*

203 Petite peinture sur cuivre de l'époque Louis XIII, représentant la *Vierge et l'enfant* ; cadre en bronze ciselé et doré, avec inscription au revers indiquant le nom du peintre Colombel et la dédicace de donation.

204 D'après Lacroix de Marseille : *Marine* ; cadre bois sculpté de l'époque Louis XIV.

205 *Vertumne et Pomone*, aimable composition ancienne.

206 Ecole de Largillière : Petite préparation de *portrait de Jeune femme*, tenant un éventail et un bouquet de roses.

207 Ecole de Largillière : deux petits *portraits d'un prince et d'une princesse*.

208 Olivier : *Le repos au bord de l'eau* ; charmante composition de neuf personnages, dans un paysage.

209 Joseph Parrocel 1648-1704 : *Combat de cavalerie* ; cadre bois sculpté.

210 D'après La Rosalba : Pastel : *portrait de Jeune femme*.

211 J. Swébach Des Fontaines ; *Le départ pour la guerre* ; délicieuse petite composition.

212 Genre de C. Vernet : *La chasse du Prince de Condé*.

213 Ecole Française XVIIe siècle : *Madeleine en prière* : cadre bois sculpté.

214 Ecole Française : *Le déjeuner du matin* : Pastel ancien de l'époque Louis XVI, de forme ovale, cadre bois doré.

ÉCOLE ITALIENNE

215 D'après Carlo Dolci : *La Vierge au voile blanc* ; cadre en bois sculpté.

ÉCOLE HOLLANDAISE

216 Otto van Veen *dit* Otto Venius, maître de Rubens : *Sainte famille*, panneau ; cadre en bois sculpté et doré.

217 Le chevalier Braydel : *Combat de cavalerie*, panneau.

218 Breughel : *Le Christ au mont des Oliviers*, panneau.

219 L. Dentyn 1811 : *Le dernier verre :* composition de trois personnages.

220 Franck, panneau : *L'Insulte au Christ :* cadre en bois sculpté ancien, de l'époque Louis XIV. Intéressante composition (fendu et légères usures).

221 Ecole des Franck : *Le Christ portant sa croix et la Vierge consolatrice :* tableau sur cuivre, avec cadre en bois sculpté redoré, de l'époque Louis XIV.

222 F. Maas 1680 : *Le marché à la volaille de La Haye :* ex-collection Dangevillers, panneau ; curieux paysage avec multitude de personnages. Belle qualité du maître.

223 D. Teniers : *Le buveur*, petit panneau. Belle qualité du maître (craquelures).

224 D'après Teniers : *La partie de carte*, panneau ; 2 personnages.

225 D'après Teniers : *Les buveurs*, peinture sur panneau ; cadre en bois sculpté.

226 D'après Wouwermans : *La halte des cavaliers.*

ÉCOLE ESPAGNOLE

227 École espagnole XVIIIe siècle : *Portrait d'un gentilhomme*, peint sur panneau.

228 Attribué à Palamède : *Intérieur chez l'artiste*, panneau. Haut. 0m48, Larg. 0m65.

DESSINS

229 Le Prince : *Souvenir de Russie, l'arrivée des voyageurs* : dessin à la plume, signé et daté 1768.

230 L. Roback : *Les plaisirs de la campagne*, aquarelle ; joli cadre bois sculpté et doré, de l'époque Louis XIV.

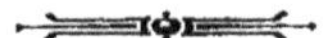

GOUACHE

231 Gouache ancienne de l'époque Louis XIV, peinte sur velin, représentant *le mariage de Sainte Catherine* ; cadre de style, en écaille rouge.

MINIATURES

232 Claude-Gustave Klingstel (1657-1734) : Miniature en grisaille, *portrait de deux personnages*, crayon lavis, légèrement rehaussé.

233 Saint Gris : Miniature, *portrait de femme*, de l'époque Empire.

234 Deux petites miniatures sur ivoire ; l'une, d'après Coypel, représentant *Loth et ses filles* ; l'autre, d'après Fragonard, *L'heureuse famille*.

235 Petite miniature de l'époque Louis XVI ; *La galante déclaration*.

236 Quatre miniatures sur cuivre, dont deux *portraits de femme*, et deux *portraits d'homme*, de l'époque Louis XIV, dans un cadre de l'époque Empire, en bois avec coins, cercles, fronton en cuivre ciselé et doré.

ÉMAUX

237 Trois importants émaux, dans des cadres en bois sculpté et doré de style Renaissance, représentant : le plus grand, *Le calvaire* et, dans des réserves, *Saint-Pierre prêchant* et, de chaque côté, *Les portraits du donateur et de la donatrice*. Les deux autres, plus petits, représentant : l'un, l'*Adoration des rois* et l'autre, un *Calvaire*. Précieuses copies, d'après Léonard Limosin.

238 Petit émail ; petit sujet d'après Watteau ; cadre argent et strass.

239 Email d'après Largillière : portrait d'un prince et d'une princesse.

240 Email ancien de J. Noallier : Sainte (quelques éclats).

VERRERIE

241 Grand verre en vieux Venise, de l'époque Louis XIII.

242 Trois verres, dans leur écrin, un goblet, un petit verre à pied, un plus petit, avec gravures, armoiries et chiffre de Monseigneur de la Motte (3 pièces intactes).

243 Petit chien, en verre de Nevers, avec ses petits à l'intérieur (curieuse pièce de verrerie, intacte).

244 Quatre verres gravés, des époques Louis XV et Louis XVI.

BIJOUX

245 Parure composée d'un collier, un pendant de cou et paire de pendants d'oreille, en argent filigrané, grenats, perles, petites émeraudes et pierres de couleur ; travail viennois.

246 Parure en or de couleur, ornée de perles fines (55 perles), composée d'un pendant de cou et de deux boucles d'oreilles.

247 Parure, composée d'un grand collier, d'un bracelet, en filigramme d'or.

248 Pendant de cou or et roses (dix pierres), et deux pendants d'oreilles, ornés également de roses.

249 Pendant de cou, en or émaillé, roses et pierres de couleur.

250 Bracelet argent doré, parties émaillées de couleur, dans le style de Cotteau.

251 Bracelet en or et une broche or et rubis.

252 Bracelet de l'époque 1820, composé de cinq gros camées, avec jolis motifs en or de couleur, émaillé incrusté de petites roses, fort beau travail de Genève.

253 Epingle de cravate, or et platine, ornée au centre d'un grenat.

254 Bague avec roses de Hollande.

255 Sautoir en or.

256 Attache de manteau émail, avec grand et beau camée coquille, représentant *l'astronomie*.

257 Montre d'homme en argent gravé, de l'époque Louis XIV, à sonnerie, le cadran en argent et à divisions horaires : signée Pierre Fradoil, à Paris. Chaîne et clef ancienne.

258 Petite montre allemande, en forme d'œuf, avec cadran formé par une croix gravée (incomplète).

MANUSCRITS ET LIVRES

259 Livre d'heures de l'époque du XVIe siècle, provenant de la confrérie du Puy Notre-Dame (à Amiens), comprenant 71 pages manuscrites ; en frontispice, grande miniature représentant une *adoration à la Vierge et à l'enfant* : la première page, ornée de *dessins et d'arabesques* dans ses marges. A l'intérieur, illustrations de *quinze lettres ornées, quinze lettres armoriées* et *six lettres avec miniatures.* Curieux et intéressant document sur la Picardie, provenant de l'ex-collection Dusevel (taches d'humidité et retouches à certaines miniatures).

260 Tableau de la Croix, imprimé chez Mazot 1651. Reliure maroquin rouge, dorure aux petits fers.

261 Catalogue des très illustres Ducs et Connétables de France. Paris, imprimerie de Vascosan, 1555, quelques armoiries coloriées, modernes.

262 Recueil imprimé, illustré de gravures coloriées, 1552.

263 Calendrier de la vie humaine (reproduction de l'addition de 1508 de Simon Vostre). Manuscrit composé de onze pages, avec douze miniatures en cul-de-lampe et une lettre ornée.

264 Sous ce numéro, objets omis au catalogue.

www.ingramcontent.com/pod-product-compliance
Ingram Content Group UK Ltd.
Pitfield, Milton Keynes, MK11 3LW, UK
UKHW021551260726
13993UKWH00002B/776